客房服务与数字化运营

主　编　任胜平　陈世文　刘艺洁
副主编　陈　丽　杨川鄂　陈广和　王存学
参　编　马甄妮　曹　洁　饶　维　邓洪权
　　　　陈　芬　谢虎山
主　审　高桂鸿

北京理工大学出版社
BEIJING INSTITUTE OF TECHNOLOGY PRESS

内容简介

本书以全面提升读者的综合素质为核心，紧跟现代酒店业的数字化发展趋势，致力于提高读者在客房服务部门的专业知识和数字化运营技能，旨在为读者提供全面的客房知识、管理操作技能、数字化运营能力和服务意识的培养。全书共分为八个项目，内容涵盖酒店业及客房、现代酒店客房设计、现代酒店客房服务、现代酒店客房清洁、客房管理系统、智慧客房管理、住中客需服务以及酒店智能安防等，确保读者能够在学习过程中系统地提升知识和技能。

图书在版编目（CIP）数据

客房服务与数字化运营 / 任胜平，陈世文，刘艺洁
主编. -- 北京 ：北京理工大学出版社，2025. 1.
ISBN 978-7-5763-4797-5

Ⅰ. F719.2

中国国家版本馆 CIP 数据核字第 2025TQ8030 号

责任编辑: 龙　微	**文案编辑:** 邓　洁
责任校对: 刘亚男	**责任印制:** 施胜娟

出版发行 / 北京理工大学出版社有限责任公司

社　　址 / 北京市丰台区四合庄路 6 号

邮　　编 / 100070

电　　话 /（010）68914026（教材售后服务热线）

　　　　　（010）63726648（课件资源服务热线）

网　　址 / http://www.bitpress.com.cn

版 印 次 / 2025 年 1 月第 1 版第 1 次印刷

印　　刷 / 定州启航印刷有限公司

开　　本 / 889 mm × 1194 mm　1/16

印　　张 / 10

字　　数 / 199 千字

定　　价 / 78.00 元

随着全球旅游业的蓬勃发展，酒店行业作为其重要组成部分，正面临着前所未有的机遇与挑战。在酒店行业中，客房服务作为重要的一环，也需要与时俱进，借助数字化技术为客人提供更加便捷、高效的服务体验。特别是在 5G 时代，数字化运营的重要性更加凸显。5G 技术的普及和应用为客房服务带来了更多的可能性。通过 5G 技术，客房服务可以实现更快速、更稳定的网络连接，为客人提供更加智能化、个性化的服务体验。

本书将探讨客房服务与数字化运营的结合，探讨如何通过数字化手段提升客房服务质量，提升客户满意度和酒店竞争力。

本书以"项目任务式"的体例进行编写，共有八个项目，分别是：酒店业及客房、现代酒店客房设计、现代酒店客房服务、现代酒店客房清洁、客房管理系统、智慧客房管理、住中客需服务、酒店智能安防。每个项目前都设置了贴合项目核心内容的学习引导；每个项目的学习目标都包含"知识目标""技能目标""素养目标"；每个学习任务结束后都配有契合任务主旨和生活实际的任务实训。本书旨在帮助读者能够在掌握知识和技能的同时，提升自己的职业素养、人文素养和道德素养，培养读者的技能素养和社会主义核心价值观。

全书具有以下几个特点。

1. 以读者为中心，注重全面发展

全书以工作任务的方式设计和组织学习内容，这些"工作任务"都是以项目为导向，以任务为载体，任务的选取突出酒店客房实际运营的需求。每个任务学习完毕都会设置极具趣味性、可操作性的任务实训，在提升读者相关技能的同时，也能培养读者的沟通交流能力、团队协作能力、独立思考能力、实践能力和自主创新意识。

2. 理论结合实际

全书的内容由多位经验丰富的行业专家共同编写，实现了理论与实践的有机结合。行业专家能够将实际工作经验和行业知识融入本书内容，使知识覆盖更具针对性。同时，书中的内容与企业的需求和行业标准对接，使读者所学的知识和技能与实际工作紧密相关，可以提高读者的就业竞争力。

3. 配套信息化资源，注重"寓教于乐"

本书根据当前社会读者的特点进行内容形式的创新，包含文字、图片和视频形式的案例、知识拓展等，多种形式的结合应用使本书内容更丰富。本书中每个任务都深入浅出、图文并茂。

本书可作为酒店行业从业者或酒店管理知识爱好者的参考书籍使用，也可供职业教育院校相关专业师生使用。

本书在编写过程中参考了一些国内外作者的优秀作品，在此深表谢意。本书所用图片均来源于网络，如存在任何版权问题，请尽快联系我们。

由于编者的知识水平和能力有限，书中仍存在疏漏之处，恳请广大读者建议和指正。

编　者

目录

项目一
酒店业及客房

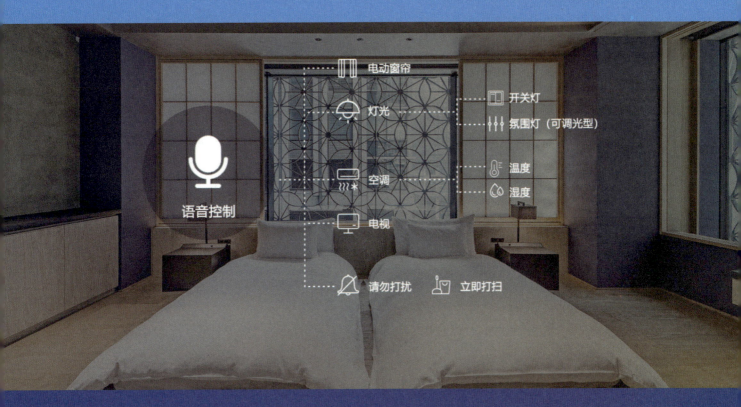

古代客栈的房间等级，从高到低大体上可以分为以下几个：天字号、地字号、人字号、通铺、柴房和马圈。天字号房间是最好的，也是给最尊贵的客人使用的，类似于总统套间；地字号房间是次一等的，相当于商务套间；人字号房间再次一等，相当于标准房间。从通铺开始，就是多人房了，价钱方面会便宜很多，普通人家住店时，通常会选择通铺。至于柴房和马圈则不是普通人能够接受得了的，是为那些贫穷人家而准备的。

现代的酒店客房融合了智能科技与舒适体验，配备了智能门锁、高清智能电视、智能控制面板、高速无线网络等设施，让客人能够享受到更加便捷和舒适的入住体验。同时，现代酒店客房注重安全与隐私，采用先进的安防监控设备和智能报警系统，为客人提供安心的居住环境。

学习引导 →

酒店的发展史

酒店（又称为宾馆、旅馆、旅店、旅社、商旅、客店、客栈）是提供安全、舒适的环境，供客人短期休息和睡眠的商业机构。

生产力的飞速发展重塑了社会经济结构，催生了对住宿业的旺盛需求，酒店业迅速响应，并拓展服务范围，以满足商人和旅行者的需求。这一变革不仅丰富了酒店的服务内容，也标志着生产力进一步对酒店行业的深远影响。酒店业经历了从基础住宿到全方位服务综合体的四个发展阶段，这一演进过程清晰地映射了生产力提升所带来的行业变革。

一、客栈时期

客栈起源于18世纪前，那时的客栈设备简陋，安全措施不足，只能提供基本的住宿和餐饮服务，服务质量相对较差。

二、豪华酒店时期

19世纪初，英国的工业革命引领了生产力的飞跃，将人类社会带入了工业时代。在这个时期，法国诞生了世界上第一家豪华酒店别墅。这些酒店主要为王公贵族、达官显贵、商人和上流社会的度假者提供服务，其运营初衷并非盈利，而是作为一种社交和休闲的场所，通常选址于城市中心或铁路沿线。

随着蒸汽机的发明，商品经济的繁荣和交通网络的发展，酒店的选址策略也随之发生了变化。这些变化反映了酒店业对新兴市场需求和交通网络的适应，标志着酒店业在地理位置选择上的一次重要转型。

三、商业酒店时期

20世纪初至第二次世界大战期间，商业酒店在美国兴起，它们通常位于城市中心或公路旁。这一时期的酒店提供了舒适、便利、清洁的服务，安全成为其服务的核心宗旨，并且价格合理。同时，汽车酒店开始出现，标志着酒店业对新兴交通方式的适应。

四、现代酒店时期

自20世纪40年代延续至今，现代酒店业展现了一些显著的特点。酒店业开始实行连锁经营，利用高科技手段提升服务质量，如在客房安装互联网接入、采用新型装饰材料等。宾客对酒店服务的要求也日益个性化，酒店的市场定位更加专业化，各类酒店类型丰富多样，满足了不同客户群体的需求。[1]

【点评】

本文从历史视角对酒店业的演进进行了全面概述，涵盖了酒店业发展的四个重要阶段：客栈时期、豪华酒店时期、商业酒店时期以及现代酒店时期。通过这些阶段的描述，

---

[1] 案例来源：https://www.sohu.com/a/352241810_120212837

我们可以清晰地看到酒店业在不同历史时期的演变和发展轨迹。

如今，酒店业已成为全球旅游和服务业不可或缺的一部分，正朝着智能化、个性化服务和可持续发展的方向迈进。同时，酒店连锁经营和多元化业态的拓展也在持续推动市场的发展，为酒店业带来了新的机遇和挑战。

学习目标

知识目标

1. 了解现代酒店业。

2. 了解现代酒店客房的概念、特点和发展趋势。

3. 学习酒店客房设计原则。

技能目标

1. 掌握常见的酒店业发展现状与发展特征。

2. 掌握现代酒店客房的基本特点。

3. 学会现代酒店客房设计的基础知识。

素养目标

1. 培养学生正确的学习理念，养成学以致用的好习惯。

2. 能在了解现代酒店业态的过程中，掌握现代酒店的特点及现状。

任务一　探索当前酒店业

探索当前酒店业

现代酒店的起源可以追溯到中国的驿馆、中东的商队客店、古罗马的棚舍、欧洲的路边旅馆以及美国的马车客栈。据《周礼》记载："凡国野之道，十里有庐，庐有饮食。"这表明，当时的民间酒店已经相当普及。在那个时代，人们将这些为旅途中的人提供休息和食宿的场所称为"逆旅"。周朝开创了中国酒店业官办与民办并存的先例。西汉时期，服务于商人的"群邸"可被视为当时的旅馆。而到了唐朝，酒店业达到了空前的繁荣，旅馆这一词汇首次出现。在两宋时期，现代酒店业的雏形初现，旅馆开始实行24小时营业。元明清时期，客栈的规模逐渐扩大，其形式与现代酒店已颇为相似。

一、酒店业

酒店业是一个提供住宿、餐饮和其他服务的行业，随着市场的不断细分，酒店业也不断创新，以满足不同客户群体的个性化需求。酒店业涵盖了从经济型到豪华型的各类酒店，包括不同类型的酒店、酒店品牌及酒店运营模式。常见的酒店业态包括以下几个类型。

（一）品牌连锁酒店

品牌连锁酒店以其统一的品牌标识、服务标准和管理模式而闻名，这些酒店通常由知名酒店品牌进行管理和运营。它们遍布各地，由酒店管理公司或特许经营商精心打理，确保无论在哪个角落，都能提供一致的高品质服务和维护一致的品牌形象。

这些酒店遵循严格的标准和程序，得到总部的持续监督和支持，确保了服务的一致性和可靠性。对旅行者而言，这意味着无论他们身处何地，选择同一品牌的连锁酒店，都能享受到熟悉且一致的住宿体验。例如，希尔顿、万豪、喜达屋、洲际、雅高等国际知名品牌，都以其一贯的高标准和卓越服务赢得了全球旅客的信任和青睐。

（二）豪华酒店

豪华酒店（图1-1）主要是提供一些高端奢华的住宿和服务体验，通常位于繁华商业区或旅游胜地。这些酒店以其奢华的装饰、完备的设施和周到的服务而著称。通常配有豪华的客房和套房、高品质的餐饮服务，此外，还设有豪华的SPA和健身设施、室内游泳池、礼宾服务等，如阿拉伯塔酒店（又称为迪拜帆船酒店）、洲际酒店、半岛酒店等。

图1-1　豪华酒店

（三）商务酒店

商务酒店（图1-2）是专门为商务人士提供住宿、会议和商务服务的酒店。这些酒店通常位于商业区或交通便利的地方，提供便捷的会议设施、商务中心、高速互联网接入、餐饮服务和其他商务设施，以满足商务旅行者的需求。商务酒店通常注重提供高效、便利的服务，以满足商务人士的工作和会议需求，如汉庭、如家等。

图 1-2　商务酒店

（四）主题酒店

主题酒店（图 1-3）通常以特定的主题而独树一帜，通过精心的设计、装饰和服务来营造与众不同的氛围和体验。主题酒店通常在建筑风格、室内装饰、餐饮服务和娱乐设施上都体现出特定的主题元素，这些主题可以涵盖各种不同的概念，如文化、历史、艺术、自然、科幻等。主题酒店的设计理念是为客人提供与传统酒店不同的独特体验，让他们沉浸在特定主题所带来的乐趣和惊喜之中。例如，一些酒店以古代埃及的神秘、太空科幻的未来感、海底世界的奇幻等为设计灵感，如三亚寰岛海底世界酒店等。

图 1-3　主题酒店

（五）精品酒店

精品酒店（图1-4）是指在服务、设施、装饰和环境等方面都非常注重品质和个性化的酒店。这些酒店往往坐落于历史悠久的建筑或风景如画的自然风景区中。这类酒店通常规模较小，注重对客人的个性化关怀和服务，提供独特的住宿体验。通常会提供高品质的餐饮服务和休闲设施，让客人在享受住宿的同时也能够感受到文化和艺术的氛围。因此，精品酒店通常被认为是高端、独特、个性化的住宿选择，如颐和公馆、雁柏山庄、富春山居等。

图1-4　精品酒店

（六）度假村酒店

度假村酒店（图1-5）位于度假区域，环境非常优美，周围是海滨、山区、森林或湖泊等自然景观，让客人能够享受到大自然的美好。这种类型的酒店通常提供全方位的服务和设施，让客人能够在酒店中度过愉快、轻松的假期，是度假、蜜月、家庭出游或团体活动的理想选择，如君澜、六善、悦榕庄等。

图1-5　度假村酒店

除了以上常见的酒店业，还有特色民宿、青年旅舍、快捷酒店等其他类型的酒店业，每种酒店业都有不同的特点和服务定位，以迎合不同旅行者的需求和偏好。

二、酒店业发展现状

酒店业是一个庞大而多元的行业，随着全球旅游业的快速发展，酒店业也在不断壮大和变革。具体发展趋势体现在以下几个方面。

（1）品牌连锁酒店的崛起。随着国际酒店品牌的进入和国内酒店品牌的崛起，品牌连锁酒店在市场上占据了较大的份额。消费者对于品牌的认知和信任度提高，品牌连锁酒店通过统一的服务标准和管理模式，提供一致的品质和体验。

（2）个性化和体验式的需求增加。随着消费者需求的多样化和个性化，越来越多的酒店开始注重提供独特的入住体验和个性化的服务。精品酒店、主题酒店等不同类型的酒店业逐渐兴起，可满足不同旅行者的需求和偏好。

（3）科技的应用。随着科技的发展，酒店业也开始广泛应用科技，提升服务质量和效率。例如，自助办理入住、智能客房设备、在线预订和支付等。同时，人工智能、大数据等技术也被应用于酒店的管理和运营中，为客户提供更精准的市场分析和服务。

（4）可持续发展和环保意识增强。随着环保意识的增强，越来越多的酒店开始关注可持续发展和环境保护。一些酒店采取了节能减排、资源回收、环保建筑设计等措施，以减少对环境的影响。

（5）新兴市场的崛起。随着全球经济的发展，一些新兴市场如中国、印度等成为酒店业的重要增长点。这些市场的旅游业蓬勃发展，吸引了大量国内外游客，酒店业在这些市场的发展潜力巨大。

总体来说，酒店业正处于快速发展和变革的阶段，不断适应和满足消费者的需求，引入新技术和服务模式，注重可持续发展和环境保护，将是酒店业未来的发展方向。

三、酒店分类

常见的酒店分类包含以下几个方面。

（1）按照星级分类。酒店按照设施、服务、管理水平等方面的标准评定星级，一般分为一星级至五星级，星级越高代表酒店的设施和服务水平越高。

（2）按照经济水平分类。酒店可以按照价格和经济水平进行分类，如豪华酒店、高档酒店、经济型酒店等。

（3）按照酒店规模分类。酒店可以按照房间数量和规模进行分类，如大型酒店、中型酒店、小型酒店等。

（4）按照服务对象分类。酒店可以按照服务对象进行分类，如商务酒店、度假酒店、会议酒店等。

（5）按照酒店特色分类。酒店可以按照特色和主题进行分类，如主题酒店、精品酒店、文化酒店等。

（6）按照酒店经营方式分类。酒店可以按照经营方式进行分类，如独立经营（单体）酒店、集团经营（联号）酒店、联合经营酒店等。

（7）按照酒店位置和地理特点分类。酒店可以按照地理位置和特点进行分类，如城市酒店、郊区酒店、度假村酒店等。

总体来说，不同的分类方式可以帮助宾客更好地选择适合自己需求和预算的酒店，也方便酒店自身规划发展方向。

四、酒店等级

酒店的等级是用来评定和分类酒店服务质量和设施水平的制度。不同国家和地区可能有不同的酒店评级标准，但酒店通常按照星级进行评定，如一星级、二星级、三星级等。星级评定主要根据酒店的硬件设施、服务水平、客房舒适度、卫生状况等指标进行综合评价，星级越高，意味着酒店提供的服务越高、设施越豪华和完善，一般来说，星级越高价格也越高。

（一）划分因素

对于酒店等级的划分，通常会考虑以下几个方面的因素。

1. 设施与服务

评定酒店等级时，会考虑酒店客房、餐饮、会议设施、健身中心、泳池等设施的品质和数量，以及酒店整体的服务水平，包括接待服务、客房清洁服务、餐饮服务等。

2. 客房舒适度

酒店客房舒适度也是酒店评定的重要指标之一。酒店的客房设施，包括房间大小、床品质量、卫生间设施、空调、电视、Wi-Fi等都会对酒店客房舒适度有所影响。所以，做好酒店客房设施的完备与质量保障，是提升客人整体住宿体现的关键。

3. 餐饮质量

在评定酒店等级时，餐饮质量也是一个重要的考量因素，涉及酒店的餐厅、自助餐、咖啡厅等的菜品质量、口味、服务水平以及环境水平等。

4. 地理位置

酒店的地理位置也会影响其等级评定，如位于市中心、商业区或旅游景点附近的酒店通常会被视为更有吸引力的选择。因此，做好酒店选址也是非常重要的。

需要注意的是，不同国家和地区的酒店评级标准可能有所不同。有些地方可能会使用特殊的符号或标识来表示酒店的等级。因此，在选择酒店时最好查看当地的评级制度和标准。

（二）星级制度

酒店的星级制度是根据建筑设备、规模大小、服务质量和管理水平等因素逐渐形成的统一等级标准。不同地区有着各自独特的酒店星级表现方式。

1. 星级表示法

通常酒店的等级被划分为五个等级，即一星级、二星级、三星级、四星级和五星级。

一星级：设备简单，具备饮食和住宿两个基本功能，满足客人最基本的入住需求。

二星级：设备较为完善，服务质量较好能满足客人基本的入住需求。

三星级：设备更齐全，提供综合服务设施能够满足客人较为舒适的入住需求。

四星级：设备豪华，服务项目多，服务质量优良，能够提供客人高级的入住享受。

五星级（包括白金五星级）：设备极其豪华，服务设施非常完善，综合服务齐全能够满足客人奢侈和高档的入住需求。

2.字母表示法

有些地区采用 A 到 E 这五个字母来表示酒店的等级，A 代表最高级别，E 代表最低级别。例如，在奥地利，酒店等级从高到低分别用 A、B、C、D、E 表示。

3.数字表示法

酒店的等级也可以使用数字表示法，即用 1、2、3、4、5 这五个数字来代表不同的等级，数字的大小可以根据地区标准而不同，有些地区数字越大等级越高，而有些则相反。

4.文字表示法

一些国家和地区除采用星级表示法外，还使用文字表示法，例如，超豪华、豪华、超一级、一级、旅游级、一般旅游级等。另外，挪威的酒店则根据地理位置和特色，使用乡村饭店、市镇饭店、山区饭店、观光饭店等来区分。

根据上述表示方式的差异，我们在选择酒店时最好先了解当地的评级制度和表示方法。

五、现代酒店业的发展特征

（一）技术创新

随着科技的进步，酒店业开始广泛应用各种技术来提升客户体验和运营效率。例如，移动应用程序和在线预订平台使客人可以方便地预订和管理住宿，智能客房技术提供个性化的控制和服务体验，大数据分析帮助酒店更好地了解客户需求和行为。

（二）个性化服务

现代酒店业越来越注重提供个性化服务，以满足不同客户的需求和偏好。通过客户数据的分析和了解，酒店可以根据客户的喜好提供定制化的服务，如个性化的问候、定制化的床品和餐饮选择等。

（三）可持续发展

酒店业越来越重视可持续发展和环境保护。许多酒店采取了各种措施，如节能减排、废物管理和使用环保材料，以减少对环境的影响。同时，一些酒店也开始提供可持续和有机的食品和饮品选择，以满足消费者对健康和环保的需求。

（四）社交媒体和在线评论

社交媒体和在线评论平台对酒店业的发展产生了巨大影响。客人可以通过社交媒体分享他们的住宿体验，酒店可以通过在线评论了解客人的反馈和意见，并改进和优化服务，以提高口碑和客户满意度。

（五）酒店品牌和连锁集团

酒店品牌和连锁集团在现代酒店业中扮演着重要角色。品牌酒店通过保持一贯的品质和服务赢得了客户的信任和认可；连锁集团通过规模经济和统一的管理模式，不仅提高了运营效率，也增强了市场竞争力。

总体而言，现代酒店业正在朝着更智能化、个性化和可持续发展的方向发展，以满足不断变化的客户需求和市场竞争。通过技术创新、个性化服务、可持续发展、社交媒体和在线评论等方面的努力，酒店业将不断适应和引领行业的发展趋势。

 任务实训

【实训项目】评估自己是否真正了解现代酒店业发展及分类。

【实训目标】掌握对现代酒店的发展及分类等内容，减少对此部分内容的盲区。

【实训时间】1学时。

【实训步骤】

（1）在教师的引导下，将学生进行分组，每组学生控制在4~6人。

（2）每个小组就"现代酒店业的发展及分类等"展开讨论，并派代表进行发言。

（3）教师点评每个小组的发言，所有的小组发言完毕后由教师根据学生的发言总结现代酒店业发展及分类。

（4）学生对照教师的总结进行自我评估，找到自己的优缺点，并将其列在纸上作为随堂作业交给老师。

【实训标准】

实训形式	以学生自由讨论和教师总结为主
角色分工	每个小组的学生进行自行分工，最终确定一位代表发言
实训重点	1.学生需根据所学知识将现代酒店业的发展及分类等内容一一列举出来，做到对知识点清晰明确； 2.讨论的过程就是温故知新的过程，每个学生务必认真参与

任务二　了解现代酒店客房

衣食住行是人们日常生活离不开的基本活动，其中的住宿就和酒店息息相关，而酒店客房服务又是酒店住宿业的核心产品。通过本任务的学习，我们来一起了解现代酒店客房。

一、酒店客房

客房是现代酒店最主要的服务设施之一，是客户入住体验的关键保障。作为酒店最重要的产品，宾客在酒店停留时间最长的是客房，而客房营业收入也是酒店总收入的重要支柱。因此，酒店必须确保客房实用、安全、舒适，客房物品一定要配置齐全，才能营造出温馨的氛围，使宾客在酒店生活、工作、学习感到满意。

二、现代酒店客房的特点

现代酒店客房的特点可以从以下几个方面具体了解。

（一）设施和设备

现代酒店客房配备了现代化的设施和设备（图1-6），如高清电视、免费Wi-Fi、空调、迷你冰箱、咖啡机、保险箱等。高端酒店可能还提供更豪华的设施，如私人泳池、按摩浴缸、音响系统等。

图1-6　现代化的设施和设备

（二）舒适的床铺

舒适的床铺（图1-7）是现代酒店客房的重要特点之一。酒店配备了高品质的床垫、床单和枕头，以确保客人能享有优质的睡眠体验。

图1-7　舒适的床铺

（三）环保和可持续发展

现代酒店客房越来越注重环保和可持续发展。酒店一般都会采用环保材料和产品，比如提供有机床单、环保洗浴用品和使用节能灯具。此外，一些酒店还提供可持续和有机的食品和饮品供客人选择。

（四）客户体验

现代酒店客房致力于提供良好的客户体验和个性化的服务，如客人喜好的床品和餐饮选择、定制化的问候等。智能客房技术也可以提供更便捷和个性化的客户体验，如智能控制系统、语音助手等。

（五）安全和隐私

现代酒店客房注重客人的安全和隐私。酒店提供安全门锁、保险箱和监控系统等设施以保障客人安全。同时，酒店尊重客人的隐私，确保客人的个人信息和住宿记录得到妥善保护。

这些特点旨在提供舒适、便捷和个性化的住宿体验，满足客人对品质和服务的期望。现代酒店不断创新和改进客房设计和设施，以适应不断变化的客户需求和市场竞争。

三、现代酒店客房的发展趋势

（一）智能化升级

随着科技的不断发展，酒店智能产品的开发和应用日益增多。客房智能系统正逐渐实现移动端的服务管理一体化，不仅能提供移动端的酒店数字化服务，还能进行服务信息的收集和数据分析。这有助于构建一个线上线下融通的服务体系，从而实现客房设施的集中管理和控制。例如，酒店客房控制系统能够实现对客房环境的远程自动调节，包括空调制冷或制热模式的转换、风速调节以及温度显示。客房控制管理系统将门锁、空调、灯光、音响等设备进行统一管理，实时反映客房状态和客人需求，与酒店管理系统进行数据交换和分析，是酒店智能化的关键组成部分。随着智能客房系统、智能家居设备，以及虚拟现实和增强现实技术的应用，现代酒店客房功能更加完善，为客人提供更便捷、个性化的入住体验。

（二）优质化服务

提供更优质的服务是现代酒店产业的核心竞争力之一。在竞争激烈的当下，许多酒店通过新措施来提升服务质量，吸引更多客人。例如：定期进行员工培训，提升员工的专业素质和服务意识，给住客留下良好的印象；定期邀请客人参加问卷调查或提供反馈，了解客户的需求和意见，及时针对问题进行改进，提升服务质量；根据客人的需求和喜好，提供具有针对性的服务；不断更新客房设施和设备，确保设施设备的完好与安全；结合最新的科技创新，如智能客房系统、在线商城、移动支付等，提升服务效率和便利性，增加客户满意度。

（三）社交媒体和在线互动

社交媒体和在线互动对现代酒店客房的发展产生了重要影响。客人可以通过社交媒体分享住宿体验，酒店可以通过积极回应和改进提高口碑和客户满意度。同时，酒店也可以通过在线评论了解客人的反馈和意见，并进行改进和优化。

（四）健康和福祉

现代酒店客房越来越注重客人的健康和福祉。一些酒店会提供健身设施、按摩和水疗服务等。一些酒店还可能提供健康促进的设施和服务，如瑜伽室、冥想区域和健康咨询等。

总体而言，现代酒店客房朝着更智能化、个性化、可持续和健康的方向发展，以满足不断变化的客户需求和市场竞争。酒店业将继续创新和改进客房设计和服务，提供更好的住宿体验。

任务实训

【实训项目】讨论"现代酒店客房在发展过程中都呈现出什么样的特点"。

【实训目标】在讨论中使学生更加了解酒店客房在不同发展时期的特点，掌握酒店客房发展历史，更好地了解酒店行业。

【实训时间】1学时。

【实训步骤】

（1）将学生进行分组，每组4~6人。

（2）教师引导每个小组根据常识、所学知识等进行资料收集、讨论和归纳总结。

（3）各小组选一名学生代表小组进行发言，其他小组点评，最后由教师总结。

【实训标准】

实训形式	以学生的思考讨论为主
角色分工	教师作为评委，每个小组各推举一名学生代表整个小组发言
实训重点	1.学生要积极参与讨论，加深对所学知识的理解； 2.学生在讨论过程中要充分利用所学知识，总结现代酒店客户发展时期的特点，以事实为依据，得出结论

任务三　学习酒店客房设计原则

学习酒店客
房设计原则

　　古代规模较大的客栈通常分为前院、客堂和后堂三部分，而且设有上下两层。前院通常设有拴马桩和饮马池，并雇有负责照看马匹的杂役，其功能类似于现代酒店的停车场。客堂则会配备客厅，供客人用餐、喝茶、喝酒和休息，有时候还会设置娱乐场所。这些设计体现出古代客栈对空间功能分区的经营思想。请你思考一下酒店功能分区有什么意义呢？

一、确立酒店风格

　　在确立酒店整体风格时，需要先进行充分的市场调研和分析，再结合酒店自身的定位和品牌形象，以及客户需求来确定合适的风格。同时，也要考虑到地理位置和当地文化特色，使酒店风格与周边环境相协调。

（一）目标客户

首先需要了解目标客户群体的需求、偏好和消费习惯。不同的客户群体对酒店风格有不同的要求，比如：商务客人可能更注重便利和功能性；度假客人更注重舒适和休闲感。了解目标客户群体之后可以更好地进行酒店风格定位，确保酒店整体风格满足目标客户的需求。

（二）客观环境

酒店所处的地理位置和周边环境也会对整体风格的确立产生影响。比如：位于度假胜地的酒店可能更适合采用轻松、舒适的度假风格；而位于繁华商业区的酒店可能更适合采用现代商务风格。

（三）品牌定位

了解市场上其他同类型酒店的风格和定位，以及市场定位的空白部分，有助于确定酒店自身的定位和风格。品牌定位包括酒店的服务定位、价格定位、目标客户定位等。

（四）专业的设计

酒店可以聘请专业的设计师或室内装饰师来帮助确立整体风格。设计师和装饰师会根据酒店的定位和品牌形象，以及酒店运营者的需求来确定合适的风格和装饰元素。

（五）文化特色

如果酒店所在地具有独特的文化特色或历史传承，可以考虑将这些元素融入整体风格中，以提升酒店的独特性和吸引力。比如云南大理的酒店可以借鉴当地白族民居的彩绘艺术，通过青砖、白墙、灰瓦与建筑彩绘的和谐映衬，不仅能够营造出美观的视觉效果，还能充分体现出当地的文化特色。

酒店的整体风格确立之后就可以进行酒店的前厅、客房等的设计，客房是最能体现酒店设计艺术和服务水平的场景之一，在进行酒店客房设计时务必要保证与酒店的整体风格保持一致。

二、设计现代酒店客房

设计现代酒店客房有很多方面需要考虑，不仅需要注重基本功能的满足，还需要考虑装修风格是否符合当前的审美和潮流，舒适度是否符合目标顾客群体的要求等。在设计现代酒店客房时，需要注意以下几个方面。

（一）空间规划

合理的空间规划是设计现代酒店客房的基础。要考虑到客房内各个区域的功能性和流线设计，以提供舒适的居住体验。客房内应包括睡眠区、工作区、休息区和卫生间等功能区域，并保证它们之间的空间流动性。

（二）床上用品的选择

床上用品（图1-8）是客房设计中最重要的部分之一。它不仅能为酒店客房增添美感与温馨，还能为客人营造一个良好的休息环境。因此，要选择高品质的床垫、床单和枕头，以确保客人的舒适睡眠。同时应考虑到不同客人的需求和偏好，如软硬度、支撑性等。

图1-8　床上用品

（三）环境和照明

客房的环境和照明（图1-9）设计对客人的舒适度和体验感至关重要。要选择适合的颜色和材料，以营造舒适和放松的氛围。照明设计应兼顾功能性和美观性，以满足不同场合的照明需求。

图 1-9　客房照明

（四）智能设备和科技应用

现代酒店客房应配备先进的设备（图 1-10）和科技，以提供更智能化和便利的服务。例如，智能门锁、智能空调、智能电视等，可以提供个性化的服务和娱乐体验。同时，酒店还可以提供高速无线网络、USB 插座、充电设备等，以满足客人的科技需求。

图 1-10　智能设备

（五）储存空间和便利设施

客房应提供足够的储存空间和便利设施，以方便客人存放和使用物品（图1-11）。例如，衣柜、抽屉、行李架等，可以为客人提供更好的储存和整理空间。酒店还可以提供咖啡机、迷你冰箱、保险箱等，以满足客户的不同需求。

图 1-11　储存空间

（六）卫生间设计

卫生间（图1-12）是客房设计中另一个重要的部分。设计时要提供足够的空间和舒适的设施，如淋浴、浴缸、洗手盆等，除此之外，设计师还应考虑到卫生间的隐私性和通风性，为客户提供更好的使用体验。

图 1-12　卫生间

总体而言，设计现代酒店客房需要考虑到客人的舒适感、功能性和个性化需求。设计师应该根据酒店的定位和目标客户群，结合市场趋势和创新思维，在满足基本要素的前提下，提供独特和有吸引力的客房设计。

任务实训

【**实训项目**】讨论"现代酒店客房设计所需要考虑的因素"。

【**实训目标**】掌握现代酒店客房设计所需要考虑的因素。

【**实训时间**】1学时。

【**实训步骤**】

（1）实训开始前，将学生分组，每组4~6人。

（2）每个小组进行思考讨论，运用所学知识，总结"设计现代酒店客房所需要考虑的因素"。

（3）教师最后根据学生所总结出的内容进行点评。

【**实训标准**】

实训形式	以学生自主讨论总结为主
角色分工	每个小组的学生自行进行分工，提出想法，总结想法，并派一位小组代表发言
实训重点	1. 讨论时注意合理运用所学知识，大胆创新； 2. 遇到不懂的地方及时询问教师并做好笔记； 3. 积极与同学讨论，加深自己对现代酒店客房设计相关知识的了解

项目二
现代酒店客房设计

　　客房产品是酒店经营过程中的核心产品，酒店为客人提供的客房服务细化在方方面面，除了床品、家电、网络等硬件设施外，一些细节关怀更能突出酒店客房的温度。有调查表明，消毒片、消毒塑封袋、衣架、多类型手机充电线这些小物件能够让顾客收获"默默无言"的贴心。

酒店客房床突然塌陷

查先生是某知名酒店的VIP，一日，查先生约了好友在酒店餐厅见面，办理完入住后就急忙去与好友见面，见面结束后查先生回到客房洗漱好准备休息，刚坐上床，就听到咔嚓一声，随后床就塌了，导致他无法休息。查先生立即向前台反映了问题，前台询问是否有受伤并请他稍等片刻，并迅速派人前来检查。经过仔细检查床铺裂口，最终确认问题出在床垫上。

之后，酒店经理请查先生到休息区休息一下，酒店为表歉意为查先生免费升级房型并赠送酒店礼品。事后，查先生表示，虽然当时床塌了，确实让他受到了不少的惊吓，但酒店的服务还是值得肯定的，并表示，之后也一定会多多光顾该酒店。

【点评】

这个案例展现了酒店在面对问题时积极应对的态度。客人在住店过程中难免遇到突发事件，而酒店对突发状况的态度和处理能力将直接影响酒店的口碑。案例中酒店的做法就很值得借鉴。首先，酒店迅速响应并派人员进行检查，确认问题并提供了合适的补救措施，包括免费升房和赠送礼品。这种快速的反应和补偿措施有助于缓解客人的不快，并展现了酒店对客户满意度的高度重视。此外，查先生的积极态度和对酒店服务的肯定也反映了酒店在客户关系管理方面的成功之处。整体而言，这个案例体现了酒店在面对问题时所持有的积极解决态度，以及对客户满意度的重视。

客房设施在客房产品中是非常重要的，不仅影响客户体验，也会影响酒店的声誉。在此案例中，酒店处理事故态度积极良好，谦逊有礼，成功解决问题，并未对酒店产生负面影响。为了避免再次发生同样的事情，酒店应该集中对客房设施进行一次检查，确保所有设施都处于完好状态，一旦发现存在问题或瑕疵的物品或设施，应立即进行更换或修理。同时，酒店其他人员也要积极配合，确保出现任何问题都能得到及时解决。

学习目标

知识目标

1. 了解客房的类型有哪几种。

2. 学习规划客房空间和配置客房物品。

3. 学习根据客房定位布置主题客房。

技能目标

1. 掌握客房基础分类方式和类型。

2. 掌握规划客房空间的方法。

3. 掌握基础的客房布置知识。

素养目标

1. 提高学生创新能力，促进学生创造思维的养成。

2. 让学生在客房配置及布置上学有所得，提升学生的思维能力与动手能力。

认识客房类型

酒店客房的分类对于客户和酒店都具有重要意义。对于客户来说，它允许客户根据自己的需求和预算做出选择；对于酒店来说，它有助于更有效地运作和管理客房资源。那么酒店客房是如何分类的呢？

客房是酒店最重要的产品之一，因此酒店应该根据自身的档次、类型和地理位置，设计各种类型和档次的客房，以满足不同客人的需求，提高酒店的入住率和销售收入。客房的分类方法有很多种，可以根据房间配备的床的种类和数量进行划分，也可以根据房间所处的位置进行划分。

客房的类型多样化，价格也各不相同，这样的设计能满足不同客户的需求，特别是适应他们的消费能力。以下是几种常见的客房分类方法。

一、根据客房的房间数量进行分类

（一）单间（Single Room）

单间即只有一个房间的客房。这种客房适合独自旅行的客人或者情侣入住，能够提供一个私密而舒适的住宿环境。

（二）套间（Suite）

套间即由两个或两个以上房间组成的客房。套间通常包括一个起居区和一个或多个卧室，适合家庭或团体入住。套间因其宽敞的空间和更高的隐私保护，为客人提供了更加优越的住宿条件。

（三）三人间（Triple Room）

三人间（图2-1）会放置三张单人床，属于经济型客房。在中高档酒店中，这种类型的客房数量很少，有些酒店甚至不提供。当客人需要3人同住一间房时，酒店往往会采用在标准间内增加一张折叠床作为解决方案。这种客房设计多出现在新兴城镇或郊区的酒店中。

图2-1　三人间

二、根据客房的位置进行分类

（1）标准客房。这是酒店中最基本的客房类型，通常位于酒店的中间楼层。标准客房提供了基本的设施和舒适的住宿环境，价格相对较为经济实惠。

（2）高级客房。这些客房通常位于酒店的高楼层或者风景优美的位置，提供了更好的视野和更豪华的装修。高级客房通常配备了更多的设施和服务，价格相对较高。

（3）角落客房。这些客房位于酒店的角落位置，拥有更加宽敞的空间和更好的隐私性。角落客房通常有更多的窗户，可以享受到更好的采光和景色。

（4）特色客房。这些客房根据酒店的主题或者特色进行设计，提供了独特的住宿体验。例如，有些酒店提供海景客房、湖景客房或者主题套房，让客人可以在特定的环境中享受到独特的住宿体验。

三、根据单间房所配备的床的数量分类

（一）单人房（Single Room）

单人房又称单人间（图2-2），是在房内放一张单人床的客房，适合单个客人预订使用。酒店的单人房一般数量很少，并且多把面积较小或位置偏僻的房间作为单人房，属于经济

档。根据卫生间设备条件，单人间又可分为无浴室单人间（Single Room without Bath）、带淋浴单人间（Single Room with Shower）、带浴室单人间（Single Room with Bath）。

图2-2　单人房

（二）大床房（Double Room）

大床房（图2-3）是在房内放一张双人床的客房，主要适用于夫妻旅行者等居住。新婚夫妇使用时，称作"蜜月客房"。高档商务客人很喜欢大床房的宽敞舒适，也是这种房间的适用对象。目前，高星级酒店中的商务客房以其配备双人床和增设的先进办公通信设备为特色。在主要接待商务客人的饭店中，大床房的比例正在逐渐增加，有些甚至占到了客房总数的50%~60%。

图2-3　大床房

（三）双床房（Two-Bed Room）

双床房（图2-4）的种类很多，旨在满足不同层次客人的需求。这类房间通常配备两张单人床，以适应不同客户的住宿需求。中间用床头柜隔开，可供两位客人居住，通常称为

"标准间"（Standard Room），即我们常见的"标间"。这类客房占饭店客房数的绝大部分，适合于旅游团队和会议客人的需要。普通散客也多选择此类客房。配备两张双人床（Double-Double Room）。可供两个单身旅行者居住，也可供夫妇或家庭旅行客人居住，这种客房的面积比普通标准间大。也有的双床间会配备一张双人床、一张单人床（Double-Single Room），或配备一张大号双人床、一张普通双人床（Queen-Double Room），这类房间容易满足家庭旅行客人需求。

图 2-4　双床房

四、根据构成套房的房间数量及内部装潢布置的档次分类

（一）普通套房（Junior Suite）

普通套房一般是连通的两个房间，又称为双套间或双连客房。一间作卧室（Bed Room），另一间作起居室（Living Room），即会客室。卧室中放置一张大床或两张单人床，并配有卫生间。起居室还设有供访客使用的盥洗室，配备马桶与洗手盆，但通常不配备浴缸。

（二）豪华套房（Deluxe Suite）

豪华套房房间内的陈设布置、电器、装饰、床具和卫生间用品等都比较高级豪华，通常配备大号双人床或特大号双人床。此类套房可以是双套间，也可以是三至五间。按功能可分为卧室、客厅、书房、娱乐室、餐室或酒吧等。

（三）总统套房（Presidential Suite）

总统套房是酒店内比较高级的客房。通常由五间以上的房间构成，多者达二十间。套房内男女主人卧室分开，男女卫生间分用。还设有会客厅、书房、娱乐室、会议室、随员室、警卫室、餐室或酒吧间以及厨房等，有的还设室内花园。房间内部装饰布置极为考究，设备用品气派奢华，提供最贴心和尊贵的服务。但因房价昂贵，导致出租率很低，一般只有四星级及以上的酒店才会提供这样的房间。总统套间并非总统才能住，只是标志该酒店已具备了接待国家元首、政务要员的条件和档次。

知识链接

总统套房

　　总统套房是专为国家元首、高级政府官员和其他贵宾设计的豪华住宿选择。它们通常位于酒店或度假村的顶层，提供宽敞的空间和尊贵的待遇。套房内设有起居区、卧室、用餐区和私人办公室，配备私人管家和豪华设施。办公室通常配备高速无线网络、打印机和复印机等设备，以满足客人的商务需求；套房内还可能配备私人健身房、按摩浴缸和蒸汽室等设施，以满足客人的健康和放松需求。虽然价格昂贵，但提供的豪华体验是无与伦比的。

五、客房按整体布局划分

（一）外景房（Outside Room）

外景房（图 2-5）是指客房的窗户朝向公园、大海、湖泊或街道等景观的客房。这种客房使客人能够欣赏到窗外美丽的景色，从而提供一个愉悦和宜人的住宿体验。

图 2-5　外景房

（二）内景房（Inside Room）

内景房（图 2-6）是指客房的窗户朝向酒店内部的庭院或其他内部景观的客房。虽然无法欣赏到外部景观，但内景房通常提供了更加宁静和私密的住宿环境，适合追求安静和隐私的客人。

图2-6　内景房

（三）角房（Corner Room）

角房是指位于走廊过道尽头的客房。由于角房位于楼层的拐角处，因此通常拥有更多的窗户，可以享受到更好的采光和视野。角房提供了更加宽敞的空间和更高的隐私性，为客人带来更舒适的住宿体验。

（四）连通房（Connecting Room）

连通房是指室外有两扇门相连，但室内没有门相通的客房。这种客房通常用于家庭或团体入住，可以提供更大的空间和更好的私密性，同时又能保持相对的独立性。

（五）相邻房（Adjoining Room）

相邻房是指通过隔墙上有门连接的两个客房。这种客房通常用于家庭或团体入住，可以提供更大的空间和更好的私密性，同时又能方便客人之间的交流和互动。

知识链接

尾房

尾房是指在一个住宅或酒店建筑中，位于楼层末端的房间。通常来说，尾房是指靠近楼梯口、电梯厅或走廊尽头的房间。由于位置靠边缘，尾房的一侧或两侧可能只有一个墙壁，使得房间朝向、光线和视野可能受到限制。尾房通常比其他位置的房间更容易受到噪音干扰，并可能有一些特殊的设计或布局限制。不过，尾房通常也会有一些优势，例如更少的过路人流，更好的私密性以及更低的价格。每个酒店对尾房的定义和特点可能会有所不同。

六、客房按经济等级划分

客房按照经济等级划分，可分为经济间、标准间、豪华间。经济间、标准间、豪华间是酒店客房的基本类型，分别提供不同档次的住宿服务，适合不同预算和需求的客人。

七、其他特殊客房种类

还有其他的特殊客房种类，如连通房、商务房、残疾人房、公寓房、组合房、多功能房等。

连通房是指相邻的房间，内部有连通门连接。

商务房是为商务客人设计的客房，布局、家具等考虑到商务需求，豪华酒店还有单独的商务楼层或行政楼层，提供更加舒适和便捷的商务服务。

残疾人房是为了方便残疾人入住而设计的客房，通道宽敞、地面无障碍、墙上有扶手、不用旋转开关等，提供更加舒适和便捷的住宿环境。

公寓房是为长期居住客人设计的客房，布局功能家庭化，配备厨房、餐室、较大的储存间等设施，提供更加舒适和便捷的长期住宿环境。

组合客房是将相对或相邻的两间客房合并出租给客人使用的特殊客房形式，可以提供更大的空间和更好的隐私，适合家庭或团体入住。

多功能客房是一种设计灵活、功能多样的客房形式，可以根据客人的需求进行定制，提供更加个性化的住宿体验。

任务实训

【实训项目】讨论"酒店客房分类有哪些类型"。

【实训目标】讨论酒店客房分类类型，理解影响客房分类类型的前置条件，巩固知识点。

【实训时间】1学时。

【实训步骤】

（1）将学生进行分组，每组4~6人。

（2）教师引导每个小组根据所学知识进行思考、讨论和归纳总结。

（3）各小组选一个学生代表进行发言，其他小组点评，最后由教师总结点评。

【实训标准】

实训形式	以学生的思考讨论为主
角色分工	教师作为评委，每个小组各推举一名学生，代表整个小组发言
实训重点	1.学生要积极参与讨论，以便加深对所学知识的理解； 2.学生在讨论过程中要充分利用所学知识，总结酒店客房分类类型，巩固所学知识点，请同学们积极参与讨论

任务二　规划客房空间

　　一个好的客房设计方案可以提升客人的舒适感，增加房间的功能性，同时也展现了酒店的品位和风格。如何设计一套符合现代人居住需求和审美追求的客房方案呢？

　　规划客房空间是设计现代酒店客房的重要一步。它不仅是考虑到整体空间布局和功能需求，还需要关注细节，以提供更丰富的客房体验。以下是规划客房空间需要考虑的一些关键因素。

一、客房面积

　　根据酒店的定位和目标客户群，确定客房的合适面积。经济型酒店的客房面积一般较小，而豪华型酒店的客房面积则较大。一般来说，标准客房的面积应在 20~30 平方米，豪华客房的面积可达到 30~40 平方米。

二、功能布局

　　规划客房空间首先需要确定不同区域的功能划分，例如，睡眠区、工作区、卫生间、储物区等。根据客人的需求和酒店的定位，确定每个区域的大小和配置。客房功能区如图 2-7 所示。

图 2-7　客房功能区

（一）入口区域

　　客房的入口区域应该宽敞明亮，不能有遮挡物或者有太多拐角，以便客人进出时感到舒适和方便。可以在客房入口区域设置一个衣帽间或储物柜，方便客人存放行李和衣物。

（二）睡眠区域

睡眠区域是客房的核心部分。要确保床铺的位置合理，以便客人能够轻松进入和离开床铺。床铺的朝向和布置应考虑到客人的视野和舒适感。睡眠区域的光线也是需要考虑的因素，不能太暗，也不能太刺眼。床铺的位置和布置应该符合人体工学原理，以营造一个舒适的睡眠环境。此外，床铺与房间其他区域的距离也应适当，以保障客人的隐私并提供给客人一个安静的休息空间。

（三）工作区域

现代酒店客房通常需要提供一个工作区域，以满足客人的商务需求。工作区域可以设置一个宽敞的写字台和舒适的椅子，以便客人能够进行工作或使用电脑。工作区的电源和照明设计应该便于客人使用电子设备和满足工作需要。数量充足的插座和合理的照明布置可以提高客人的工作效率和舒适度。

（四）休闲区域

为了提供更好的客房体验，可以设置一个休闲区域，供客人放松和休闲。休闲区域可以配备一个舒适的沙发或休闲椅，以及一个咖啡桌或茶几。

（五）卫生间区域

卫生间（图2-8）是客房的另一个重要部分。应确保卫生间的面积足够大，以容纳洗手盆、淋浴、浴缸和马桶等设施。同时，洗浴设施的位置和设计应方便客人使用，且要考虑到卫生间的隐私和通风，以便给客人提供更好的使用体验。

图2-8　卫生间

（六）储存空间

客房应该提供足够的储存空间（图2-9），以方便客人存放和整理他们的物品。例如，可以设置衣柜、抽屉和行李架，供客人分别存放衣物、行李和其他物品。

图2-9　储存空间

三、空间利用

在规划客房空间时，需要充分考虑如何最大限度地利用有限的空间。通过合理的布局和利用墙面、天花板和地板等特殊设计手段，使客房空间在保证舒适度的前提下被最大化利用。

四、流线设计

在良好的规划客房空间时，应该充分考虑客人的动线设计，即客人在不同功能区域之间的移动路径。合理的动线设计可以提升客人入住的便利性和舒适度。

五、设备设施布置

规划客房空间时，需要考虑到不同设备设施的合理布置。床铺的位置和布置、工作区的电源和照明设计、卫生间与洗浴设施的安排等都需要仔细考虑。

总体而言，规划客房空间需要考虑到客人的舒适感和功能性需求，综合考虑床铺、工作区、卫生间和储存空间等各个方面的设计，以提供舒适、便利和实用的客房体验。设计师应根据酒店的定位和目标客户群，结合市场趋势和创新思维，提供独特而吸引人的客房空间设计。

任务实训

【实训项目】讨论"规划客房空间需要考虑的因素"。

【实训目标】让学生讨论"规划客房空间需要考虑的因素",加深学生对此部分内容的理解与掌握。

【实训时间】1学时。

【实训步骤】

（1）在教师的引导下,将学生进行分组,每组学生控制在4~6人。

（2）每个小组就"规划客房空间需要考虑的因素"展开讨论,并派一位学生代表进行发言。

（3）教师点评每个小组的发言,所有的小组发言完毕后,由教师根据学生的发言总结规划客房空间需要考虑的因素。

（4）学生对照教师的总结进行自我评估,找到自己的优缺点,并将其列在纸上作为随堂作业交给教师。

【实训标准】

实训形式	以学生自由讨论和教师总结为主
角色分工	每个小组的学生自行进行讨论,确定一名学生代表小组发言
实训重点	1.学生需根据所学知识,清晰并有条理地列举出规划客房空间需要考虑的因素; 2.讨论的过程就是温故知新的过程,各位学生务必积极探讨、认真参与

任务三　配置客房物资

配置客房物资

　　设定酒店客房物资的摆放标准主要目的是营造更美好、更整洁、更舒适的住宿环境。通过精心配置客房物资,不仅可以提升客人的入住体验,还能增强酒店的口碑,从而获得更多的客户和收入。那么酒店物资该如何配置呢?

　　配置客房物资是现代酒店设计中不可或缺的一部分,不同档次的酒店配置的客房物资也不尽相同,客房物资的数量和品质一般来说跟酒店的档次成正相关。客房物资包括一次性消耗物资和多次消耗物资。

总体来说，配置客房物资可以从以下几个方面进行考量。

一、床上用品

（一）床垫

为了让客人享受到舒适的睡眠体验，推荐酒店选择高品质的床垫。客人可以根据自己的喜好和需求来选择记忆棉床垫或者弹簧床垫。

（二）枕头

为了满足客人个性化的需求，酒店可以提供不同硬度和材质的枕头（图 2-10）。客人可以选择羽绒枕、乳胶枕或记忆棉枕等，以找到最适合自己需求的枕头。

（三）床单和被罩

为了提供舒适的睡眠环境，可以选用柔软舒适的床单和被罩。客人可以选择高品质的棉质或亚麻质地的床单和被罩，让睡眠更加舒适。

羽绒枕

乳胶枕

记忆棉枕

图 2-10　枕头

（四）毛毯和被子

为了满足客人在不同季节的需求，酒店需要提供轻便的毛毯和舒适的被子。客人可以根据季节的变化选择合适的毛毯和被子，让睡眠更加温暖和舒适。

二、浴室用品

浴室用品如图 2-11 所示。

图 2-11　浴室用品

（一）毛巾和浴巾

为了满足客人的需求，酒店可提供柔软吸水的毛巾和浴巾。可以准备不同尺寸和质地的毛巾和浴巾，包括面巾、手巾和浴巾等，以供客人选择。

（二）洗浴用品

根据目标客户的需求，有选择性地提供高品质的洗发水、护发素、沐浴露和洗手液等洗浴用品。为了满足客人的需求，可以提供含有天然成分和采用温和配方的产品，以确保为客人带来舒适和愉悦的体验。

（三）牙刷和牙膏

为了方便客人使用，酒店几乎都会提供一次性牙刷和牙膏。需要注意的是，酒店最好选择环保材料并使用符合卫生标准的产品，以确保客人的口腔健康和个人卫生。

三、便利设施

（一）电视和音响

为了客人的娱乐和放松，许多酒店都会提供高清晰度的电视和音响设备。而现代化设备，如平板电视和蓝牙音响，可以为客人提供更好的视听体验。

（二）冰箱和迷你吧台

酒店会在客房中设置小型冰箱和迷你吧台，以供客人冷藏和存放食品及饮料。为了增加客人的满意度，还可以提供一些免费的饮料和小吃。

（三）保险箱

为了保护客人的财产安全，许多酒店会在客房中配备保险箱，并且确保保险箱具有高度的安全性和可靠性，以便让客人能够放心存放贵重物品和重要文件。

（四）咖啡和茶设施

在许多高档酒店中，为了满足客人的口味偏好，会在客房中设置咖啡机和茶具，并且会提供各种口味和品种的咖啡和茶包，让客人享受到美味的咖啡和茶的同时，也满足他们的个人口味需求。

四、其他物资

（一）吹风机

在浴室中设置吹风机，以供客人使用。吹风机应具备安全可靠的特性，以满足客人洗发后吹干或日常造型和打理的需求。

（二）熨斗和熨衣板

在客房中设置熨斗和熨衣板，以供客人熨烫衣物。熨斗和熨衣板应具备安全可靠的特性，以满足客人的熨衣需求。

（三）电话和无线网络

在客房中设置电话和无线网络，以方便客人与外界联系和上网。电话和无线网络应具备稳定和高速的特性，以满足客人的通信和上网需求。

总体而言，配置客房物资需要考虑到客人的舒适感和个性化需求。提供高品质的床上用品、浴室用品、便利设施和其他物品，以及满足客人的需求和期望，是配置客房物资的重要目标。设计师应该根据酒店的定位和目标客户群，结合市场趋势和创新思维，提供独特和有吸引力的客房物资配置方案。

 任务实训

【实训项目】了解一家酒店的客房物资配置。

【实训目标】根据所学知识考察一家星级酒店的客房部，使学生真正了解酒店客房物资的配置。

【实训时间】1 学时。

【实训步骤】

（1）实训开始前，由教师联系一家星级酒店，参考该酒店客房物资配置。

（2）将学生进行分组，每组学生控制在 4~6 人，由教师带领前往酒店客房参观，并请客房部主管介绍酒店客房怎样进行物资配置的。

（3）参观结束后，由每组学生讨论并总结酒店客房部的客房物资配置内容。

【实训标准】

实训形式	以学生现场参观学习及讨论总结为主
角色分工	每个小组的学生自行分工，确定谁做记录，谁最后代表小组发言
实训重点	1. 参观时仔细观察客房配置过程和工作人员的工作情况，对于客房部主管介绍的内容要仔细倾听学习并及时记录； 2. 遇到不懂的地方及时询问并做好笔记； 3. 参观结束后与同学积极讨论，加深自己对客房物资配置工作的了解

设计主题客房

任务四 设计主题客房

主题客房是近年来比较流行的一种客房类型，成为很多酒店亮眼的名片，但也面临设备损耗大，风格单一容易过时的问题，那么如何设计主题客房呢？

一、设计主题客房的概念

设计主题客房是为了给客人带来独特的入住体验，通过特定的主题元素和装饰风格，营造出相应的氛围和情感。主题客房可以是根据不同的文化、地域、时代、兴趣爱好或者活动等来设计的。以下是一些常见的主题客房概念。

（1）自然主题。以自然元素为主，如森林、海洋、花园等，通过绿色植物、自然材料和仿真装饰等营造出自然的氛围。

（2）海滩度假主题。以海洋和沙滩为主题，通过海洋色彩、沙滩装饰和海洋动物的图案等，打造出放松和休闲的度假氛围。

（3）城市风情主题。以不同城市的特色和文化为主题，如巴黎、东京、纽约等，通过城市地标、街景和当地文化元素的装饰，营造出独特的城市风情。

（4）历史文化主题。以历史时代或文化为主题，如古巴比伦、古印度、古埃及等，通过特定时代的装饰和文化元素，让客人感受到历史和文化的魅力。

（5）奢华主题。以豪华和高品质为主题，通过精美的装饰、高品质的材料和豪华家具等，营造出奢华和尊贵的氛围。

（6）娱乐主题。以特定的娱乐活动或兴趣爱好为主题，如电影、音乐、运动等，通过相关的装饰和设施，让客人可以享受到特定的娱乐体验。

设计主题客房需要考虑到整体的风格定位、色彩搭配、家具摆放和装饰物的选择等，以营造出独特而舒适的入住环境。同时，也要注意客房的实用性和舒适度，确保客人在享受主题体验的同时，也能得到良好的入住体验。

二、设计主题客房的作用

（一）创造独特的体验

通过引入特定的主题和概念，主题客房的设计能够为客人带来独特和个性化的入住体验。例如，海洋主题客房可以营造出海洋的氛围，让客人感受到置身于海洋中的感觉。这种独特的入住体验可以增加客人对住宿的兴趣和满意度。

（二）增加客房的吸引力

设计主题客房可以增加客房的吸引力和美观度。通过选择适合主题的色彩、材质、家具和装饰等，可以营造出与主题相符的氛围和风格，使客房更加吸引人。这样的客房可以吸引更多的客人选择入住，提高酒店的入住率和收益。

（三）提升品牌形象和竞争力

设计主题客房可以帮助酒店塑造独特的品牌形象和特色。有特色的主题客房可以让酒店在竞争激烈的市场中脱颖而出，吸引更多的客人选择入住。例如，一个以艺术为主题的酒店可以通过布置艺术风格的客房来表达其独特的品牌形象和特色。

（四）增加客户满意度和忠诚度

通过提供独特和个性化的入住体验，布置主题客房可以提高客户的满意度和忠诚度。客人在住宿期间享受到与众不同的体验，会对酒店产生积极的印象，并愿意再次选择入住或推荐给他人。这样的客户会成为酒店的忠实粉丝，为酒店带来更多的业务和口碑。

（五）创造营销机会

设计主题客房可以为酒店创造营销机会。特定的主题客房可以成为酒店的亮点和特色，吸引媒体和社交媒体的关注，从而增加酒店的曝光度和知名度。例如，一个以童话故事为主题的酒店，可以通过布置具有童话风格的客房来吸引媒体和社交媒体的关注，这样不仅可以提高酒店的知名度还能提升品牌价值。

总的来说，设计主题客房可以为客人提供独特和个性化的住宿体验，增加客房的吸引力和美观度，提升酒店的品牌形象和竞争力，增加客户满意度和忠诚度，同时也为酒店创造更多的营销机会。这些都是酒店提高业务和收益的重要手段。

三、设计主题客房的方法

（一）选择主题

（1）主题选择。根据酒店的定位和目标客户群，选择适合的主题，可以是自然、文化、艺术、历史、时尚等主题，或者是特定的节日或季节主题。

（2）主题概念。确定主题的概念和风格，包括色彩、材质、图案、家具和装饰品等方面的设计。主题概念应与酒店的整体风格和品牌形象相一致。

（二）布置设计

（1）色彩选择。根据主题的特点和氛围，选择适合的色彩方案。可以使用明亮、活泼的色彩来营造欢快的氛围，或者使用柔和、温暖的色彩来营造舒适的氛围。

（2）材质和图案。选择适合主题的材质和图案，如木质、石材、纺织品等。可以使用特定的图案和纹理来强调主题的特点和风格。

（3）家具和装饰品。选择适合主题的家具和装饰品，如床头柜、沙发、窗帘、灯具等。可以使用特定的家具和装饰品来突出主题的氛围和风格。

（三）布置细节

（1）照明设计。根据主题的特点和要求，设计适合的照明方案。可以使用柔和的灯光来营造温馨的氛围，或者使用明亮的灯光来突出主题的特点。

（2）壁画和艺术品。在客房中设置壁画和艺术品，以增加主题的视觉效果和艺术氛围。可以选择与主题相关的艺术品和装饰品，如画作、雕塑、摄影作品等。

（3）个性化细节。根据主题的特点和要求，设计个性化的细节。可以在客房中设置特定的家居用品和小装饰品，如花瓶、摆件、书籍等，以增加主题的独特性和吸引力。

（四）客户体验

（1）创造独特体验。通过主题的布置和设计，创造独特的客户体验。可以通过舒适的床上用品、高品质的浴室用品、便利的设施等方面，提供个性化和贴心的服务。

（2）客户参与。鼓励客户参与主题的体验和活动。可以提供相关的信息和指导，如主题展览、工作坊、导览等，以增加客户的参与度和满意度。

总之，设计主题客房需要综合考虑主题选择、设计细节和客户体验等方面。设计师应根据酒店的定位和目标客户群，结合市场趋势和创新思维，提供独特和有吸引力的主题客房设计方案。通过精心的设计和贴心的服务，为客户创造独特的体验和回忆。

任务实训

【实训项目】说一说大家已知的主题客房有哪些种类，分别有什么特点。

【实训目标】使学生知道什么是主题客房，了解主题客房的主要类型及各自的特点，掌握设计各类主题客房的要点。

【实训时间】2学时。

【实训步骤】

（1）将学生进行分组，每组4~6人。

（2）在教师的引导下，每个小组的学生根据所学知识、日常生活经验以及网上搜索的资料等信息就酒店主题客房的类型及各自的特点进行讨论。

（3）讨论结束后，每个小组选一个学生代表小组进行发言，其他小组参与点评，最后由教师总结相关知识。

【实训标准】

实训形式	以学生的讨论分享和教师的点评为主
角色分工	教师对此次实训进行引导和总结，每个小组各推举一名学生，代表整个小组发言
实训重点	1.讨论的过程也是温故知新的过程，每个小组的成员都要积极参与讨论，以便加深对所学知识的理解； 2.讨论过程中将各自的观点都记录下来，最后进行整理发言； 3.教师需要对学生的实训情况进行点评，对学生不理解的问题予以解答

项目三
现代酒店客房服务

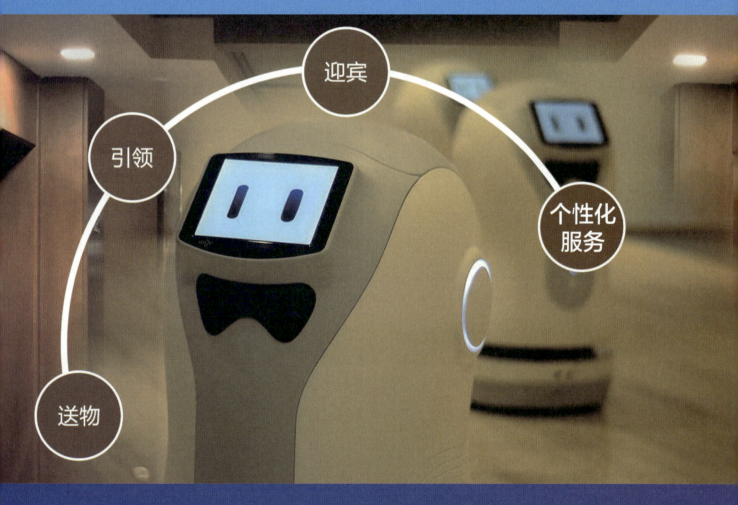

客房服务是评估一个酒店是否优质的重要元素之一。酒店必须意识到客房服务的重要性，提升酒店员工整体素质。在提供酒店常规服务的同时提供高质量的服务，为部分客户定制个性化服务，为不同客人提供不同服务需求，确保客人入住期间的舒适度和满意度，增加客户满意度。

学习引导 →

酒店服务案例

案例一:

一日,熟客李先生早上入住某酒店,办完入住手续后,他询问前台服务员是否可以在次日 14:00 退房,服务员答不可以。李先生再三协商,服务员只是机械地重申了这一规定,双方因此争执不下。最终不得不由客房部经理和酒店总监出面,才平息了李先生的怒气。李先生在离店时向保安表达了酒店前台服务质量差的失望之情。

案例二:

某酒店接到一位客人的投诉,称其手机不慎遗失。经查询,酒店已在客人遗忘的物品中找到这部手机,但手机已被其他客人领走了。

酒店给出的解释是:由于领手机的人能报出具体的手机号码及手机型号,所以就让他领走了。此事如何处理较为妥当,酒店方面是否负有责任?

案例三:

客人晚上入住,发现床上有一只臭虫,客人要求酒店道歉,并提供换房和免房费的服务,并称如果不免房费就打消费者投诉热线。面对这种问题,酒店该如何处理?

【点评】

案例一中,前台工作人员本应是酒店服务员中素质最高的,但这件事却表明前台人员的素质还有待提高。我们在处理问题时一方面要坚持酒店的原则,另一方面要灵活应变。力求在维护酒店利益的同时,也能满足客人的需求。李先生既然是熟客,可在其询问时稳住其情绪,然后请示上级,以便给出恰当的回答。酒店应避免直接拒绝客人,以免让他们感到不被尊重。

案例二中,手机属于贵重物品。在领取失物的操作流程中,酒店应该有明确规定,不是任何人都可以随意领取。应该在核实失主身份的情况下,才交还手机。不是简单地报出手机号、型号就行。应该核对在哪里遗失的等相关信息。在进行领取时,还应该复印客人证件,写下收据证明并存档,如果酒店都没进行这些步骤,事后失主找上门,酒店只能自行赔付。

案例三中,有臭虫在客房,是酒店客房部"消杀"工作没有做好。客人要求道歉是应该的,换房也是必须的。可以对客人采用免费升级住房、赠送水果篮、提供免费送机服务,以及在客人下次入住时给予房费相应折扣等变相免费方法处理。这些方法既维护了客人的尊严,又满足了客人提出的要求。

学习目标

知识目标

1. 了解常规的客房服务。

2. 了解定制个性化服务的含义及内容。

3. 学习优质服务提供的重要性和要点。

技能目标

1. 掌握常规的客房服务内容。

2. 掌握酒店定制个性化服务的基本服务内容。

3. 掌握酒店提供优质服务的方法与技巧。

素养目标

1. 使学生明白酒店定制个性化服务的重要性。

2. 让学生更加明确地了解酒店的客房服务内容，并学以致用。

任务一　熟悉客房基础服务

熟悉客房基础
服务

> 酒店提供的常规服务对于酒店来说具有重要意义。这些常规服务可以满足客人的基本需求，为他们提供舒适的住宿环境。酒店可以建立良好的品牌形象，提高客户满意度，促进客户忠诚度，从而促进酒店的业务增长和发展。那么，酒店一般会提供哪些常规服务？

常规服务是指酒店、民宿等为客人提供的基本服务，旨在满足客人在预定、入住、住中、退房等过程中的服务需求。其中客房服务是比较重要的，常规客房服务旨在为客人提供舒适、便利的居住环境。常规服务通常包括以下几个方面。

一、入住和退房服务

酒店会提供便捷的顾客办理入住和退房手续的服务，包括登记入住、核对身份和预订信息、办理押金和结算等。目前，许多酒店会借助酒店管理系统 PMS 来进行智能化管理，客人的预订、入住、退房等都可以借助系统工具管理；还有一些智能化管理酒店会在前厅放置自助入住机器，可以实现无人自助入住。这种方式不仅方便快捷，便于客人入住，也便于酒店管理，可以更好地实现营销数据可视化。

二、房间清洁和整理

酒店会定期进行客房清洁，包括更换床单、清洁卫生间、打扫地面等，以确保客房的清洁卫生。不同的酒店客房标准不同，但是客房清洁无疑都是很重要的一部分。

三、床上用品更换

酒店会定期更换床上用品，如床单、被套、枕套等，以保证客人的卫生健康。

四、洗浴用品提供

酒店会提供洗发水、护发素、沐浴露、牙刷、牙膏等洗浴用品，供客人使用。酒店会提供干净的毛巾，并定期更换，以保持客人的清洁与舒适。

五、房间设施维修

如果客房内的设施出现故障或需要维修，酒店会派遣维修人员及时处理，确保客人的正常使用。如客房内的电视、空调、热水器、电热水壶等，都需要定期检查和维修。

六、24 小时前台服务

酒店的前台通常提供 24 小时的服务，客人可以随时咨询和提出需求，包括提供旅游信息、预订机票或租车、安排接送服务等。

七、客房送餐服务

酒店提供客房送餐服务，客人可以在客房内享用酒店的餐饮服务，例如在客人刚入住时送水果、点心，睡前送牛奶，早上送早餐等。

八、行李搬运服务

酒店会提供行李搬运服务，帮助客人将行李从大堂送至客房。

九、电话、电视、网络服务

客房内通常配备有电话、电视和互联网服务，以满足客人的通信和娱乐需求。

十、其他服务

酒店会随时确保客房的安全，如提供保险箱、监控设备、安全门锁等；还会提供免费或付费的报纸和杂志，供客人阅读。

总之，常规客房服务是酒店为客人提供的基本服务，这些常规的客房服务可以提升客人的住宿体验，满足客人的需求和期望，并提高酒店的竞争力和在市场上的口碑。

 任务实训

【实训项目】讨论"酒店提供常规服务包含哪些内容"。

【实训目标】在讨论中让学生掌握酒店常规服务内容，减少学生对此部分内容的盲区，增强对相关知识的了解。

【实训时间】1学时。

【实训步骤】

（1）在教师的引导下，将学生进行分组，每组学生控制在4~6人。

（2）每个小组就"酒店提供常规服务包含哪些内容"展开讨论，并派代表进行发言。

（3）教师点评每个小组的发言，所有的小组发言完毕后，由教师根据学生的发言总结酒店提供常规服务包含的内容。

（4）学生对照教师的总结进行自我评估，找到自己的优缺点，并将其列在纸上，作为随堂作业交给教师。

【实训标准】

实训形式	以学生自由讨论和教师总结为主
角色分工	每个小组的学生自行分工，确定一位学生代表小组发言
实训重点	1.学生需根据所学知识将酒店提供常规服务包含的内容一一列举出来，并做到条理清晰、准确无误； 2.讨论的过程就是温故知新的过程，每个学生务必认真参与、积极讨论

任务二　定制个性化客房服务

　　酒店客房服务在提供常规服务的同时，也要为有特殊需求的客户提供个性化服务，以满足客户的个性化需求，增加客人的好感度和忠诚度，提高客户对酒店服务的满意度，增加酒店竞争力。那么，酒店一般都有哪些可定制的服务呢？如果你是酒店管理者，你会如何去定制该酒店个性化客房服务呢？

一、定制个性化服务

　　定制个性化服务是指根据客人的特殊需求和偏好，为其提供量身定制的服务和体验。这种服务旨在满足客人的个性化需求，增强客人的满意度和忠诚度。由于这种服务是基于客人的个人偏好和需求定制的，所以在为客人定制个性化服务时要充分考虑客人的喜好和习惯，尽量满足客人的合理要求，为客人提供与众不同的入住体验。

　　酒店为客人定制个性化服务的具体方式可以根据客人的需求和偏好而有所不同，以下是一些常见的个性化服务。

（一）客房布置

　　酒店可以根据客人的要求，为其提供特殊的客房布置。例如：为蜜月夫妻准备浪漫的蜜月布置，或为生日庆祝客人准备特别的生日布置。这些定制的客房布置可以包括花束、蜡烛、气球等，以营造出特殊的氛围。

（二）个性化餐饮服务

　　酒店可以根据客人的口味和饮食习惯，提供个性化的餐饮服务。例如：定制特殊菜单，提供特殊食材。如果是回族等少数民族可以为其定制符合需求的特色餐饮，或根据客人的要求调整菜品的口味和做法。

（三）私人管家服务

　　酒店可以提供私人管家服务，为客人提供全程的个性化服务和协助。私人管家可以帮助客人安排行程，预订机票和餐厅，提供旅行建议等；为商务客人提供个性化的商务服务，如会议室预订、商务早餐、翻译等。

（四）定制活动和体验

酒店可以根据客人的兴趣爱好和需求，为其安排特殊的活动和体验。例如：定制私人导游、特定主题的活动，安排特色活动，提供特殊的娱乐项目等。

（五）健康和美容服务

酒店可以提供个性化的健康和美容服务，满足客人的健康和美容需求。例如：可以提供私人健身教练、专业按摩师，或定制特殊的健康餐单。

（六）定制礼品和纪念品

酒店可以根据客人的需求，提供定制的礼品和纪念品。例如：定制酒店纪念品，印有客人姓名的礼品。

（七）其他个性化服务

根据客人的需求，提供个性化的 SPA 和按摩服务，如特定的按摩手法、个人护理产品选择等；为家庭客人提供个性化的儿童和家庭服务，如儿童专属用品、儿童游乐区、特殊儿童餐单等。

以上只是一些常见的方法，酒店在为客人定制个性化服务时可以根据客人的具体需求和偏好进行灵活的安排和创新。通过提供个性化的服务和体验，酒店可以增加客人的满意度和忠诚度，让客人感受到独特和个性化的关怀和待遇。

二、定制个性化服务的重要性

酒店定制个性化服务的重要性体现在以下几个方面。

（一）提升客人满意度

定制个性化服务可以满足客人的特殊需求和偏好，使客人感到被重视和关注。通过提供量身定制的服务和体验，酒店可以大大提升客人的满意度，使客人对酒店的印象更加深刻。

（二）增加客人忠诚度

个性化服务不仅能够建立酒店与客人之间的情感联系，还能增强客人的归属感和忠诚度。当客人感受到酒店对其个性化需求的关注和满足时，他们更有可能再次选择入住该酒店，并推荐给其他人。

（三）提高口碑和品牌形象

定制个性化服务可以帮助酒店树立良好的口碑和品牌形象。当客人在社交媒体或口口相传中分享他们在酒店的个性化服务体验时，酒店的声誉和知名度会得到提升。

（四）增加收入和盈利能力

个性化服务可以为酒店带来额外的收入。通过提供高级定制的服务，酒店可以向客人收取额外费用，从而增加酒店的盈利能力。同时，通过了解客人的需求，酒店可以更好地规划和利用资源，避免资源的浪费和低效使用，从而有效降低运营成本，提高整体利润。

（五）区别竞争对手

个性化服务可以帮助酒店在激烈的竞争中脱颖而出。当酒店能够提供独特和个性化的服务，满足客人的特殊需求时，客人更有可能选择该酒店而不是竞争对手。

酒店定制个性化服务的目的是为客人提供与众不同的、满足其特殊需求的住宿体验，增加客人的满意度和忠诚度、提高口碑和品牌形象、增加收入和盈利能力。通过了解客人的需求并制定相应的个性化的服务，使酒店能够在竞争中脱颖而出，从而提高自身的口碑和市场竞争力。

三、酒店如何定制个性化服务

酒店定制个性化服务可以从以下几个方面进行考虑。

（一）定制欢迎礼品

酒店可以根据客人的偏好和特殊需求，提前定制个性化的欢迎礼品，给到店的客人温馨、愉悦的住宿体验。例如，根据客人的喜好提供鲜花、水果篮、巧克力等，以提升客人的入住体验。

（二）房间装饰和布置

根据客人的要求，酒店可以提供个性化的房间装饰和布置。例如，根据客人的喜好提供特定的床上用品、装饰画、蜡烛等，以营造出温馨而舒适的住宿环境。

（三）私人厨师和定制餐饮

酒店可以给某些客人，如老客户或有特殊饮食习惯的客人等提供私人厨师服务，根据客人的口味和喜好，定制个性化的餐饮菜单和用餐体验。客人可以享受到专属定制的美食，满足自己的独特口味需求。

（四）私人导游和旅游定制

为了满足客人的兴趣和特殊需求，酒店可以提供私人导游服务，为客人提供个性化的旅游路线和行程安排。客人可以根据自己的喜好选择参观的景点和体验的活动，享受独特的旅行体验。

（五）定制SPA和按摩服务

酒店可以根据客人的需求，提供个性化的SPA和按摩服务。客人可以选择特定的按摩手法、精油等，享受到个性化的身心放松和舒缓体验。

（六）定制庆祝活动和派对

如果客人预订酒店是为了举办一些特殊活动，如生日宴、婚礼、开业仪式、年会等，酒店可以根据具体的情况提供个性化的庆祝活动和派对服务。例如，为客人举办生日派对、婚礼庆典等，给客人带来更优质的服务和难忘的体验。

（七）定制健身和运动计划

根据客人的健身目标和需求，酒店可以提供个性化的健身和运动计划，如为客人安排私人教练、提供特定的健身器材等，帮助客人实现健康和健身目标。

（八）定制商务服务

为商务客人提供个性化的商务服务，如会议室预订、商务早餐、快速办理入住和退房等。酒店可以根据客人的商务需求，提供便捷和高效的服务，满足客人的商务需求。

（九）定制儿童服务

为有孩子的家庭客人提供个性化的儿童服务，如儿童专属用品、儿童游乐区、儿童餐单等。酒店可以根据家庭客人的需求，提供适合儿童的设施和服务，让家庭客人感受到关爱和关注。

（十）定制宠物服务

为携带宠物的客人提供个性化的宠物服务，如宠物用品、宠物护理、宠物散步等。酒店可以提供宠物友好的设施和服务，让客人携带宠物时感受到便利和关怀。

通过以上个性化服务的提供，酒店可以满足客人的特殊需求和偏好，增加客人的满意度和忠诚度，还能够增强酒店的竞争力和营利能力。

任务实训

【实训项目】讨论"酒店从哪些方面制定个性化客户服务"。

【实训目标】在讨论中让学生掌握酒店定制个性化客户服务内容，增强对知识的了解。

【实训时间】1 学时。

【实训步骤】

（1）在教师的引导下，将学生进行分组，每组学生控制在 4~6 人。

（2）每个小组就"酒店从哪些方面制定个性化客房服务"进行思考并讨论，并派一位代表进行发言。

（3）教师点评每个小组的发言，所有的小组发言完毕后，由教师根据学生的发言进行总结。

（4）学生对照教师的总结进行自我评估，找到自己的优缺点，并将其列在纸上作为随堂作业交给教师。

【实训标准】

实训形式	以学生自由讨论和教师总结为主
角色分工	每个小组的学生自行分工，确定一位学生代表小组发言
实训重点	1. 学生需根据所学知识将酒店从哪些方面制定个性化服务记录下来，做到条理清晰、准确无误； 2. 结合教师最后的总结，及时提出疑问，并进行记录； 3. 请各位同学务必认真思考，积极参与讨论

任务三　提升客房整体服务品质

提升客房整体服务品质

优质的酒店服务体现在方方面面的细节中，例如：高素质的员工队伍，紧紧把握客人需求的变化，尤其强调服务的整体性和一致性。大家认为应该如何提升酒店服务品质呢？

一、提供优质服务的重要性

（一）提升客户满意度

优质的服务能够满足客人的需求，提供良好的入住体验，使客人感到满意。客人满意后才更有可能再次选择该酒店，并向他人推荐，从而增加酒店的客户群体。

（二）增强竞争力

在竞争激烈的酒店行业，提供优质的服务可以帮助酒店与其他竞争对手区分开来。客人更倾向于选择那些能够提供出色服务的酒店。因此，提供优质服务可以增加酒店的竞争力。

（三）建立良好的品牌形象

优质的服务可以帮助酒店建立良好的品牌形象。客人对酒店的印象往往与其服务质量密切相关，优质的服务可以让客人对酒店产生良好的印象，认为酒店是专业、可信赖和值得推荐的。品牌形象的建立可以帮助酒店吸引更多的客人，并建立长期的竞争优势。

（四）提高客户忠诚度

通过提供优质的服务，酒店可以增加客户的忠诚度。忠诚的客户更有可能选择再次入住该酒店，并成为长期的客户。如果酒店服务很好，客人可能会选择其他服务，例如：选择高级房型、使用酒店的其他设施和服务等。同时，满意的客人也更有可能成为回头客，从而为酒店带来更稳定的收入。这样他们也更有可能推荐酒店给他们的朋友和家人，从而吸引更多的新客户，增加业务量。

（五）提升口碑和评价

优质的服务可以帮助酒店获得良好的口碑和评价。客人通常会在社交媒体、旅行网站和评论平台上分享他们的入住体验，如果他们对酒店的服务感到满意，就会给予积极的评价，从而吸引更多的潜在客户。

酒店尝试提供更加优质的服务对于提升客户满意度、增强竞争力、建立品牌形象、提高客户忠诚度以及获得良好的口碑和评价都具有重要意义。

二、提供优质服务的要点

（一）培训员工

（1）确保员工具备良好的服务技巧和专业知识，包括礼仪、沟通与协调能力等。

（2）定期进行培训，保持员工的服务水平和积极性。例如，员工应该始终以热情友好的态度迎接客人，提供周到的服务。在客人到达时，员工应该主动问候并提供帮助，确保客人感受到宾至如归的待遇。这些都是需要经常进行培训的内容。

（二）快速高效的服务

酒店员工应该以快速高效的方式处理客人的需求和要求。无论是办理入住手续、提供额外的床上用品，还是提供餐饮服务，员工都应该尽力满足，并确保服务的高效率。

（三）清洁整洁的房间

酒店应该保持房间的清洁整洁，确保客人入住时有一个干净舒适的环境。房间内的床上用品、浴室设施、地板等都应该保持干净和整洁，给客人一个舒适的住宿体验。

（四）优质的餐饮服务

酒店应该提供优质的餐饮服务，包括食物的质量和口味，餐厅的环境和氛围，以及服务员的专业素养。酒店应该根据客人的需求和喜好，提供多样化的菜单选择，确保客人能够享受到美味的餐饮体验。

（五）注重细节

注重每个服务环节的细节，例如：客房的清洁和整理、食物的摆盘和口味、礼宾员的笑容和态度等。确保细节的完美能够给客人留下深刻的印象。

（六）定期维护设施

酒店应该定期维护和更新设施，确保设施的正常运行并保持最佳状态。例如，保持游泳池的水质清洁，保持健身房设备的正常运作等。如果有需要，酒店应该及时进行修复和更新设施，以提供良好的使用体验。

（七）提供个性化服务

酒店员工应该关注客人的喜好和个性化需求，并提供相应的关怀和服务。例如：了解客人的生日，为其提供惊喜的生日礼物；了解客人的饮食偏好，为其提供适合的餐饮选择等。通过个性化的关怀和服务，酒店可以让客人感受到宾至如归的待遇，增加客人的满意度和忠诚度。

（八）主动关怀客人

关注客人的需求和反馈，积极解决问题并主动提供帮助。例如：询问客人是否需要更多的毛巾或饮用水，确保客人的需求得到满足。

（九）加强沟通及时解决问题

提供多种渠道，例如：电话、电子邮件、在线预订等，便于客人与酒店进行联系。面对客人的问题或投诉，酒店应该及时有效地解决。酒店员工应该倾听客人的意见和建议，积极寻求解决方案，并确保问题得到妥善解决。通过迅速响应并有效解决客人遇到的问题，从而增强客人对酒店的信任和满意度。

（十）关注客人的安全和隐私

确保酒店的安全措施得到充分实施，从而使客人的个人信息得到妥善的保护。提供安全的停车场、监控设备和安全出入口等设施，保障客人的安全和隐私。

通过以上方法，酒店可以努力提供优质的服务，满足客人的需求，提升客人的满意度和忠诚度。

 任务实训

【实训项目】讨论"酒店如何优化服务"。

【实训目标】在讨论中使学生直接或间接理解酒店优化服务的重要性，引导学生深入思考怎样去优化服务。

【实训时间】1 学时。

【实训步骤】

（1）将学生进行分组，每组不超过 6 人。

（2）教师引导每个小组根据常识、所学知识等进行资料收集、讨论和归纳总结。

（3）各小组选一名学生代表小组进行发言，其他小组点评，最后由教师总结。

【实训标准】

实训形式	以学生的思考讨论为主
角色分工	教师作为评委，每个小组各推举一名学生代表整个小组发言
实训重点	1.学生要积极参与讨论，加深对此部分知识的理解； 2.学生在讨论过程中要充分利用所学知识，总结收集来的资料，得出结论； 3.教师总结时，学生及时提出疑问并进行记录

项目四
现代酒店客房清洁

酒店致力于为客户提供干净、整洁、舒适的住宿环境。为了给客户住宿提供舒适的入住体验，客房清洁部门将执行全面的清洁工作。这不仅对客房部门提出了更高的要求，同时也需要其他部门的协作。客房部人员需要具备出色的适应能力和解决问题的能力，以提供更优质的服务，满足酒店和客户的需求。

学习引导

如何做好客房清洁

在一个酒店管理学院的学生实践项目中，学生们正在接受客房清洁的培训和实践。其中有一位学生赵明，面临着一个具有挑战的情境。

赵明被分配到一间尾房进行清洁工作。这间尾房位于楼层的角落，远离楼梯和电梯，并且紧临外部的垃圾处理区。由于这个位置的特殊性，这个房间经常受到噪声和异味的干扰。

与此同时，赵明发现这个房间的清洁也有一些特殊情况。首先，由于角落位置的限制，房间只有一扇窗户，无法提供足够的自然光线。其次，房间的设计分隔出一个狭小的走道，导致房间内的家具摆放受限。最后，赵明还面临着清洁房间的时间压力。由于其他学生正在同时进行客房清洁，每个学生都必须在规定时间内完成清洁任务，以确保酒店能够按时接待新客人。

在面对这些考验时，赵明采取了几个策略来应对。首先，他充分利用了现有的清洁工具和设备，确保房间的每个角落都得到彻底的清洁。其次，他主动与教师和其他学生讨论，寻求他们的经验和建议，以更好地应对这个特殊情况。最重要的是，他保持积极的态度和耐心，努力克服困难，确保客房的清洁质量和时间要求能够得到满足。

【点评】

客房清洁是一个极具挑战性的任务，需要出色的适应能力和解决问题的技巧，既要确保对房间的全面清洁，也要确保酒店能够按时接待新客人。在此案例中，赵明的积极态度和耐心也是完成任务的关键因素。面对时间的压力和环境干扰，他能够保持专注和乐观，努力克服困难，确保任务按时完成。这种心态对在酒店管理行业中面对各种挑战至关重要。

这个案例也为学生们提供了宝贵的经验，告诉大家在实践项目中积极应对挑战的重要性。学生在学习和生活实践中可能会遇到各种挑战，需要学会灵活应对和寻求帮助。通过积极主动地应对问题，寻求帮助和保持良好的态度，学生们可以展现出解决问题和团队合作的能力，这些能力在未来的职业生涯中也是非常重要的。

学习目标

知识目标

1. 了解客房清洁的相关要求。

2. 学习客房清洁的整体流程。

3. 实践客房清洁过程，掌握实践客房清洁的注意事项。

技能目标

1. 掌握前厅部的岗位要求。

2. 会利用所学知识保持前厅部的环境舒适优美。

素养目标

1. 让学生懂得参与实践客房清洁的重要性。

2. 提高学生动手能力，提高学生的服务意识和服务能力。

任务一　明确客房清洁要求

明确客房清洁
要求

　　客人入住酒店最关心的问题就是客房卫生，这也是酒店客房服务的核心工作，那么如何保持客房始终如一的干净卫生呢？

一、客房清洁

　　客房清洁是指对住宿设施（如酒店、旅馆、宾馆等）中的客房进行清洁和整理的过程。其目的是确保客房环境的卫生和整洁，为客人提供一个舒适、安全、卫生的住宿体验。

　　在进行客房清洁时，需要注意以下几个方面。

　　（1）清洁工具和用品。选择适当的清洁工具和用品，如扫帚、拖把、清洁剂、消毒液等，以确保清洁效果和达到卫生标准。

　　（2）清洁流程。按照标准的清洁流程进行操作，包括清理床铺、更换床上用品、清洁地面、擦拭家具、清洁卫生间等。确保每一个角落都得到充分清洁和整理。

　　（3）卫生标准。遵守卫生标准和规定，如使用一次性清洁用品、定期更换床上用品、消毒卫生间等，以确保客房的卫生和安全。

　　（4）细节处理。注重细节处理，如清理灰尘、擦拭镜子、整理物品摆放等，以提升客房的整洁度和舒适度。

　　（5）客房巡查。进行客房巡查，确保每一间客房都经过充分的清洁和整理，没有遗漏或疏忽。

二、客房清洁的重要性

客房清洁的重要性不容忽视，随时保持客房的清洁对酒店业务运营和客户满意度都有着重要影响。客房清洁的重要性体现在以下几点。

（一）客户印象和满意度

随时进行客房清洁可以让客人享受到干净、整洁、舒适的住宿环境，这直接影响客人对酒店的印象和满意度。一间干净整洁的客房可以让客人感到舒适和愉快，提升住宿体验，增加客人的满意度和回头率，同时吸引更多的客人前来酒店住宿。

（二）卫生和健康

客房清洁是保证客房卫生和健康的重要手段。定期进行客房清洁，随时更换床上用品可以有效去除各种有害细菌、病毒等有损客人身体健康的物质，减少疾病传播的风险，保障客人的健康和安全。

（三）酒店形象和声誉

客房清洁是酒店服务质量的重要组成部分，干净整洁的客房可以提升酒店的形象和信誉，吸引更多客人入住。如果客房不干净或者卫生状况差，会给客人留下负面印象，并可能导致负面的口碑传播而产生不良影响。

（四）设施保养和维护

定期清洁和维护客房设施可以延长客房内相关设备的使用寿命，减少维修和更换的成本。定期的清洁和维护可以确保设施的良好状态，提供更好的服务质量。

（五）符合行业标准和法规要求

一方面，客房清洁通常需要符合酒店行业的相关标准和卫生要求，以确保酒店合法经营。另一方面，做好客房清洁可以为客人提供高质量的服务。

总而言之，客房清洁对于酒店客房的运营和客户满意度至关重要。一间干净、整洁且舒适的客房不仅可以提升客户体验和满意度，还能提高酒店的声誉和竞争力，进而增加酒店的收益。

三、客房清洁规范

（一）房门

（1）门侧边的门铃上不能有污迹，且门铃要保证正常好用。

（2）门面、门框保证干净光亮，门把手上干净无污迹。

（3）保证房间的门开关灵活，并且在操作过程中不发出刺耳的吱呀声。

（4）房间号码显眼、清洁、无污迹，窥镜无损坏，门反锁良好。

（5）门后的"请勿打扰""请速打扫"等提示牌无污迹。

（6）门后磁吸及闭门器正常、好用。

（7）门后的安全疏散图完好、无污迹、无翘起。

（二）壁柜

（1）壁柜内外无灰尘，衣架及衣架杆无灰尘。

（2）门轨无损坏，柜门正常好开。

（3）衣架需配备齐全，摆放规范，鞋篮、保险柜摆放要规范。

（4）壁柜内的棉被或毛毯摆放规范。

（三）酒吧柜

（1）酒吧柜表面清洁，玻璃及镜子无污迹。

（2）电热水瓶无污迹，安全可用，瓶口不漏水，茶盘无灰尘。

（3）冷水瓶、茶杯、冷水杯、茶叶缸清洁无污迹。

（4）零食架内物品摆放规范、无灰尘。

（5）各类零食日期新鲜，安全卫生。

（四）电冰箱

（1）电冰箱内外干净无异味、工作正常。

（2）饮料按规定配齐，且在保质期内，切勿摆放假冒伪劣产品。

（3）电冰箱刻度按规范调节。

（五）行李柜

行李柜应干净、稳固、无灰尘。

（六）电视柜

（1）电视柜柜面应干净、无灰尘。

（2）电视柜柜门开关灵活，转盘或轨道正常好用。

（3）电视机荧光屏外壳干净、无灰尘。

（4）电视机音质良好，图像清晰、稳定。

（七）写字台

（1）桌椅及沙发部位无灰尘，抽屉内外干净。

（2）服务指南内容完整，无污迹、破损，摆放规范。

（3）抽屉内洗衣袋（一般是两个）及洗衣清单（一式三份）配齐，摆放规范。

（八）茶几

（1）茶几干净卫生，摆放规范。

（2）火柴及圈椅摆放规范。

（九）窗户

（1）窗框、窗台无灰尘，玻璃清洁明亮。

（2）窗帘无破损、污迹，窗帘轨、钩完好。

（3）窗帘箱内及窗台外四周无蜘蛛网。

（十）床头柜

（1）床头柜内外无灰尘。

（2）灯光及电视等的开关完好。

（3）电话机正常干净，电话线无绕线。

（4）客户内的插座正常可用，符合安全标准，避免使用破损的插座。

（十一）床

（1）床铺应铺设规范且整洁。

（2）床单、被套、护垫、枕套、床头板干净、无破损。

（3）床脚稳固。

（十二）灯具

（1）所有灯具、灯泡及灯罩无落灰。

（2）灯罩接缝朝向应按规范朝内。

（3）所有灯具开关完好、无污迹。

 任务实训

【实训项目】明确客房清洁的重要性。

【实训目标】进行情景演绎，让学生意识到客房清洁的重要性。

【实训时间】2 学时。

【实训步骤】

（1）实训开始前，将学生进行分组，并选择一组同学与教师一起围绕客房清洁的重要性进行情景设计。

（2）将学生进行分组，每组学生控制在 4~6 人，一组进行情景演绎，其余组观看并进行小组讨论。

（3）结束后，由观看的小组讨论并总结，每组派出一名代表进行回答。

（4）教师根据小组结论进行补充说明，并进行总结。

【实训标准】

实训形式	以学生现场参观及思考、讨论、总结为主
角色分工	每个小组的学生自行进行分工，进行思考讨论，派出一位同学代表小组发言
实训重点	1. 观看时仔细观察同学演绎的细节，及时发现细节、重点，并进行知识链接； 2. 在教师总结时，遇到不懂的地方及时询问并做好笔记

任务二　掌握客房清洁流程

掌握客房清洁流程

　　一个完整有序的工作流程能显著提升工作效率。客房清洁是一项日常且重复性高、细节烦琐的工作。如何保证工作流程高效地执行呢？

在明确了客房清洁要求之后，我们需要了解客房清洁的流程。在实践中，客房清洁的具体流程可能会因酒店的规模、标准和要求而有所不同，但是一般来说都包括了以下几个主要的步骤。

一、准备工作

每名客房保洁人员在上岗前，要做好基本的准备工作，包括着装、房态表、清洁工具等的准备。

（一）着装

根据要求换好制服，佩戴铭牌，备好橡胶手套，梳理好头发，部分酒店会要求员工佩戴一次性头套。

（二）准备工作表及房态表

（1）在工作表上注明员工信息，负责清洁的区域，所负责的区域房的房态。

（2）每名员工务必对房态心中有数，知道所负责的区域房内每个客人的姓氏。

（3）在准备工作表、房态表上注明如哪些是退房、住房、预定房，以及住房客人姓名等。

（三）工具

客房清洁工作需要一系列专门的工具，如工作车、清洁桶、抹布、吸尘机等，以确保清洁工作的高效和彻底。

二、清洁流程

做好清扫准备，客房清洁人员需按照酒店的清洁SOP（操作规程）执行，保证各类程序到位。

（一）进

（1）报上身份并让客人了解自己进入房间的目的。如："您好！我是服务员，请问我可以进来吗？"征得客人同意后再开门进入，外宾用房，则用外语："Housekeeping, may I come in?"

（2）如果房内没有反应，不能连续急促地按门铃或敲门，应注意房内客人的动静，10秒后再按一次门铃，如仍然无反应，可开门少许，在门缝边再报一次自己的身份，让声音传进房内，如仍无反应，则可完全打开门进入房间清扫。

（3）将工作车挡住房门口，开口向着房内。

（4）在工作表上填写所要清洁的房间号及进房时间、离房时间。

（二）撤

（1）轻轻将窗帘拉开，纱帘，厚帘两边拉开至离墙约60厘米，把阳台门推开（把窗户打开），让室外的光线能射入房内，让空气流通。

（2）关闭照明灯具，关上客人忘记关闭的电视，以节约能源。

（3）检查电灯照明是否正常，把空调调至高速挡，以便及时抽出清洁房间时扬起的尘埃。

（4）检查房内情况。如房内有送餐用具、加床或加婴儿床等，需先将其搬出及暂时存放在服务间，在收取餐具时应注意，不要把客人的物品一同收出。

（5）清理垃圾：清理垃圾时要检查垃圾桶内是否有贵重物品，是否有未熄灭的烟蒂等。

（6）撤茶具、烟灰缸。茶包、烟蒂不能倒在马桶里，只能倒在垃圾桶里。撤出的烟灰缸放在洗手盆里待洗，更换杯具。

（三）铺

（1）将床拉出约30厘米。

（2）将保护垫四边的松紧带套入床垫的四角，保持床面平整、无污渍。

（3）整理床裙：床裙干净、无破损、无污渍、要整齐，三面自然垂放，床垫与床架上、下对齐。

（4）按照以下铺床程序和标准铺床。

①抛单、包边包角床单正面向上，中折线居中，两侧下垂长度均等；用直角手法包紧床头、床尾四角，四角角式和角度一致，包角均匀紧密。

②套被套。

第一步，将被套打开。

第二步，将被子两头塞入被套两个角内并整理好。

第三步，将被子另两头塞入被套内并作整理。

第四步，抖动被子，使其平铺在床垫上，被子两侧下垂均等，被套四角饱满平整，被套开口在床尾。

第五步，被头反折35厘米。

③套枕套、放枕头。

第一步，将枕芯塞入枕套，并确保枕头的四角都被填充饱满，以提供最佳的支撑度和舒适度。

第二步，将大枕头放在与床头平齐的位置，与床两侧距离相等，另一个小枕头摆放在枕头上呈30°斜靠在床头板上。

第三步，枕头开口理顺，开口背向床头柜。

（四）抹

（1）门：包括门铃盒、门号、门面、门框，要求干净无灰尘。

（2）大衣柜：包括门板、保险箱内外、层格架、衣架、鞋篮要干净无灰尘，物品摆放整齐。

（3）电冰箱清洁。

①打开电冰箱门查看饮料是否齐全，若客人有饮用，及时填单并补充。

②查看饮料有无过期。

③清洁冰箱时，请确保冰箱的顶部、底部以及门的表面都干净无灰尘。在挪动电冰箱进

行清洁或检查时，注意不要使其倾斜超过45°，以避免可能的损坏或故障。同时，检查电冰箱的内部温度是否设置在合适的范围内，通常应控制在2.5℃~3℃，以确保食品的新鲜度。此外，还需检查冰箱的接水盒，确保其没有溢出，以防止泄漏。

（4）梳妆镜、写字台面、文件夹、椅子、台灯、灯座灯罩、网线、开关电线等完好，空调干净无灰尘。

（5）沙发坐垫、靠背无污迹、无灰尘，茶几无污渍、水渍，地灯完好，干净无灰尘。

（6）擦拭床头柜。

①检查电话是否正常，电话卡上的房号是否准确，电话卡无破损；

②用干布抹并检查各种灯具，音响开关是否正常，钟表时间是否准确。

（7）床屏干净无灰尘。

（8）空调控制器干净无灰尘，并将空调调到适宜的温度。客人在房间时，将空调开到中档，无客时开到低档，定期擦拭空调出风口。

（9）阳台地面、茶几、椅子，玻璃门要求干净无灰尘、无蜘蛛网，阳台道轨槽无积尘。在除尘时要注意的问题有以下两点。

①把客人放在台面或床上、沙发上的物品收拾好，折叠客人放在床上或沙发上的衣物。

②清洁电热水壶，保持水壶干净、无水垢。

（五）洗

（1）进入卫生间前在卫生间门口铺上地垫。

（2）打开卫生间灯和排气扇。

（3）用清洁剂均匀喷洒洗手盆、浴缸、马桶及淋浴间，喷洒马桶时掀起马桶盖板，轻按放水水阀/按钮，待水抽完后，喷上清洁剂，使清洁剂充分溶于水中。

（4）清洗洗手盆，倒入清洁剂刷洗，注意下水塞、下水口的清洁，用抹布擦干，要求金属光亮无水迹，面盆内无毛发，无污渍。

（5）淋浴间清洁。

①用清洁剂喷玻璃及墙身。

②用百洁布刷洗墙面、玻璃及水件上的污渍。

③清洗淋浴间的地漏，将地漏盖掀开，清理里面的毛发和垃圾，保持排水畅通。

④用花洒冲洗淋浴间，再用玻璃刮将玻璃上的水刮干净，擦干净墙上、地面的水，对于金属器件、皂碟应擦拭干净。最后检查并清理地上的毛发。

（6）用抹布擦净卫生间墙面，洁具、物品要求无水渍、皂迹，保持光亮。

（7）用专用抹布擦净卫生间地面，由里往外抹，注意卫生间边角及门后，要求地面光亮，无毛发。

（8）撤走清洁桶。

（9）关掉卫生间灯，卫生间门不要关紧，留大约30厘米的门缝。

（六）补

（1）棉织品：大浴巾两条、中巾两条、方巾两块折叠好，按规定摆放，脚垫搭在浴缸边上。

（2）客用清洁用品：浴液、洗发水、润肤露、须刨、牙具、浴帽、护理包、梳子、香皂、卷纸、面纸、卫生袋。

（3）补充房间物品：拖鞋、购物袋、洗衣袋、洗衣单、茶叶、信封、信纸、留言纸和笔等。

（4）所有物品要补充齐全，正面朝上，店徽置于显眼位置，按规定正确摆放。

（七）吸

（1）按照由里往外的顺序，顺着地毯的绒毛方向吸尘。

（2）使用前要检查吸尘机是否安全，各个部件是否紧固，润滑情况。

（3）不可用吸尘机吸水。

（4）不要磕碰家具和地脚线。

三、客房检查程序

为了保证清洁质量，客房一般会由主管或经理进行检查，一般的程序如下。

（1）敲门，自我介绍后进入房间。

（2）打开所有的灯，确保所有灯都处于工作状态。由外至内检查门是否有划痕、手印、油漆等，门开关时无响声，门锁和安全链完好，门镜及走火图清洁无污渍，"请即打扫"和"请勿打扰"牌整齐地挂在门把手上。

（3）检查镜子、镜框和行李架，确保清洁并处于完好的状态。

（4）检查咖啡和茶包等物品，两只茶杯、茶碟和匙，配有一张酒水单和一个开瓶器。

（5）检查杯子的数量和清洁程度。

（6）检查电冰箱里外有无指纹，确保酒水完整无缺。

（7）确保电冰箱柜顶部和镜子清洁，检查灯具，确保清洁和完好。检查有无屑片和污渍，报告设备问题。

（8）检查电视柜及顶部是否清洁，柜门是否开关自如；角落里不能有屑片和污渍，电视转盘转动自如；检查电视频道是否在指定的工作状态，音量适中。检查其他频道，确保电视指南清洁。

（9）检查写字台的清洁，桌子和椅子有无污渍。

（10）确保电话的清洁和正常使用，无污渍和划痕。

（11）检查台灯的工作状态，灯罩无灰尘。灯罩接缝转到对墙的位置。

（12）确保垃圾桶清洁并放有带店徽的纸垫。

（13）确保扶手椅清洁，无破损和污渍。

（14）检查落地灯，清洁无灰尘，位置固定，不摇晃。

（15）检查床和窗框是否有灰尘，拉开窗帘，检查滑动轨道，轨道及蝴蝶扣的损坏情况，及时报告。

（16）窗帘保持打开的位置，悬挂整齐。

（17）床头柜保持干净，无污渍，电话、便签、遥控器整齐摆放。

（18）架子下面保持清洁，电话簿及宣传册摆放整齐。

（19）确保床头灯功能完好，灯罩接缝转在后面，以保持美观。

（20）检查闹钟，保证时间准确，叫醒铃声关闭。

（21）羽绒被平整无污渍，枕头饱满，摆放整齐。

（22）检查床下是否有垃圾和积尘。

（23）检查床头板有无灰尘。

（24）检查衣柜和里面的物品。

（25）检查挂画和画框。检查保险箱，门保持敞开，里面无物品。

（26）检查天花板和排风口是否有灰尘和污渍，同时检查油漆是否脱落。

（27）空调保持在低速。

（28）检查地毯，及时去除污渍，一旦发现无法处理的情况，应立即向管家部办公室报告情况。

（29）进入浴室。

（30）检查毛巾架是否牢固、干净。

（31）检查巾类是否按标准整齐摆放和挂在毛巾架上。

（32）检查浴缸和周围的墙面是否光亮清洁，所有电镀制品和浴室开关清洁、抛光，保持光亮。

（33）喷头保持良好的工作状态，浴帘和巾类干净无污渍。

（34）两个漱口杯清洁并整齐倒置摆放。

（35）所有客用品整齐摆放在托盘中。

（36）镜子干净，不能有溅落的水渍。

（37）垃圾桶冲洗干净并在摆放前擦干。

（38）检查面台和地面。

（39）检查马桶的冲下水系统，冲水后能否停止，如果长流水，应及时报告。

（40）检查马桶、马桶垫、马桶盖、桶身、马桶底部、后部及水箱，确保无污渍。

（41）检查浴室内电话，确保清洁，使用良好。

（42）检查天花板、墙面和地面清洁无污渍。

（43）浴室门保持清洁无指纹，门虚掩。

（44）关灯。

（45）退出房间，确保门锁好。

（46）必要时，要求楼层服务员重新打扫房间。

 任务实训

【实训项目】了解一家酒店客房清洁的具体流程。

【实训目标】参观客服部的客房清洁流程，深入了解客房部的客房清洁程序。

【实训时间】1学时。

【实训步骤】

（1）实训开始前，由教师联系一家星级酒店。

（2）将学生进行分组，每组学生控制在4~6人，由教师带领前往酒店客房参观客房清洁的整体流程，并请工作人员介绍客房清洁的具体流程。

（3）参观结束后，由每组学生讨论并总结客房清洁的具体流程。

【实训标准】

实训形式	以学生现场参观学习及讨论总结为主
角色分工	每个小组的学生自行进行分工，做好笔记，参观结束后选择一名学生代表小组发言
实训重点	1.参观时仔细观察客房清洁的环境和工作人员的工作情况，对于工作人员介绍的清洁流程要仔细倾听学习； 2.遇到不懂的地方及时询问并做好笔记； 3.参观结束后积极与同学讨论，熟悉客户清洁的操作流程并掌握相关知识

培养客房清洁意识

任务三　培养客房清洁意识

酒店的价值体现在为客人提供住宿服务，酒店客房每天都需要打扫，那么客房清洁都需要注意什么呢？

一、掌握客房清洁原则

（一）定期清洁

客房需要进行日常的定期清洁工作，包括打扫地板、更换床单、清洁浴室、擦拭家具等。这些工作旨在保持客房的整洁和卫生，给客人营造温馨、舒适的居住环境。

（二）卫生设施消毒

卫生设施如马桶、淋浴器、水龙头等需要进行定期的消毒工作，以确保客人的健康和安全。消毒可以有效杀灭细菌和病毒，预防传染病的扩散。

（三）床品及毛巾更换

床品和毛巾需要经常更换，以保持客房的清洁度和舒适度。床单、被罩、枕套等应该在客人退房后立即更换，而毛巾和浴巾应该每天更换。

（四）垃圾清理

每天清理客房的垃圾是必不可少的任务。废纸、空瓶、食物残渣等应该及时清理并妥善处理，以保持房间的整洁和环境的卫生。

（五）通风换气

定期通风换气可以有效减少室内空气污染和异味，保持房间空气新鲜和清爽。开启窗户或使用空调系统进行空气流通是常见的通风方式。

二、明确实践客房清洁的意义

学生实践清洁客房的意义可以从以下几个方面详细说明。

1. 培养责任感和自律能力

清洁客房需要认真仔细地完成各项任务。学生不仅需要按时完成任务，还要确保客房的清洁和整洁。这不仅有助于培养学生的责任感还能增强他们的自律能力，教会他们保质保量地完成工作。

2. 提高卫生意识和卫生习惯

清洁客房需要学生了解和掌握卫生知识和技巧，学生需要学习如何正确使用清洁工具和清洁剂，以及如何处理垃圾和杂物。通过实践，学生可以更好地理解卫生知识，提高卫生意识，并培养良好的卫生习惯。

3. 培养团队合作精神和沟通能力

清洁客房通常需要学生与其他团队成员合作，学生需要分工合作，协调行动，共同完成任务。这有助于培养学生的团队合作精神和沟通能力，让他们学会与他人协作，共同完成任务。

4. 学习职业技能

清洁客房是一项常见的职业技能，学生通过实践可以学习和掌握这项技能。通过实践，学生可以了解到清洁客房的具体要求和挑战，掌握清洁技能，为将来就业或从事相关行业打下基础。

5. 提供实践经验

通过实践清洁客房，学生可以获得实际的工作经验。他们可以了解到清洁工作的具体要求和挑战，从而更好地理解和适应工作环境。这有助于学生在将来的职业生涯中更好地适应工作环境，提高工作能力。

综上所述，学生实践清洁客房对于他们的个人成长和职业发展都具有重要意义。这项实践可以培养学生的责任感和团队合作精神，为他们未来的职业生涯打下坚实的基础。

三、客房清洁中的注意事项

在进行客房清洁时，有以下注意事项。

（一）清洁前的准备工作

在开始清洁前，需要准备好所需的清洁剂和工具，以及保护自己的装备，如手套、口罩和鞋套等。还需要对客房进行初步的检查，以了解需要清洁的区域和物品。

（二）清洁顺序

按照规定的清洁顺序进行工作，以确保每个步骤都得到正确执行。清洁顺序通常包括清理垃圾、整理床铺、擦拭表面、清洁浴室等。在清洁时，需要注意清洁顺序，以避免重复清洁或遗漏某些区域。

（三）使用正确的清洁剂和工具

应根据不同的材质表面和物品特性进行清洁，选择适合的清洁产品和工具，避免混合使用不同的清洁产品，以免产生有害的化学反应。同时，注意正确使用清洁工具，如拖把、扫帚、吸尘器等，以免对家具和地板造成损坏。

（四）注意细节

在清洁过程中，需要注意细节区域，如角落、边缘和隐蔽区域。这些地方通常容易被忽视，也是污垢和灰尘容易积聚的区域。只有让每个角落都得到充分的清洁，才能确保整个客房的整洁和卫生。

（五）与客人沟通

在清洁客房之前，如果客人在房间内，请与客人进行沟通，并尽量安排在不打扰客人休息或侵犯其隐私的时间段进行清洁。如果需要进入房间进行清洁，应礼貌地向客人解释清洁的目的，并尽量快速高效地完成工作。

（六）完成后的清理工作

在完成清洁工作后，需要整理清理工具和清洁剂，并将垃圾处理好。确保客房的所有物品都被归位，并检查是否有遗留物品。最后，需要对本次清洁工作进行评估和反思，以便在下一次清洁时做出改进。

（七）保持细心和耐心

在清洁过程中，要仔细观察每个角落，确保没有遗漏。同时耐心对待每一项任务，以确保清洁工作的质量。

（八）时间分配合理

合理分配清洁任务和时间，高效地完成工作，不要浪费时间，确保按时完成任务。

（九）回收和垃圾处理

在清洁过程中，注意分类回收废纸、废物等，确保垃圾袋牢固封口，并按照学校或社区的指导进行垃圾处理。

（十）清洁后的消毒

清洁工作完成后，根据需要对使用过的清洁工具进行消毒处理，以确保下次使用时的清洁。

清洁工作需要细致、耐心和责任心。只有严格遵循以上注意事项，才能够有效地完成客房清洁，并确保清洁工作的安全性和质量达标。切勿忘记与团队成员和主管保持良好的沟通，并随时寻求帮助和指导。

任务实训

【实训项目】客房清洁过程模拟。

【实训目标】进行酒店客房清洁过程模拟，更直观地学习客房清洁的整个过程，加深对相关知识的理解。

【实训时间】2 学时。

【实训步骤】

（1）教师预先设计和准备好客房清洁过程的相关道具及流程，然后学生进行模拟。

（2）学生每 2 人为一组进行角色扮演，一人扮演清洁工作人员，另一人扮演客人，完成一次客房清洁的模拟训练。

（3）学生角色互换，再进行一次步骤 2 的实训内容。

（4）教师参与过程指导，最后根据学生训练过程中存在的问题进行点评。

【实训标准】

实训形式	以学生的实训和教师的指导点评为主
角色分工	教师作为引导者负责实训的过程指导，学生分别角色扮演工作人员和酒店的客人
实训重点	1. 学生要将自己代入指定角色； 2. 在实训过程中遇到难点要及时请教； 3. 实训结束后，教师针对实训过程中学生存在的问题进行梳理和点评

项目五
客房管理系统

一个好的管理系统能协助我们更好地管理各项业务，提高运营效率、更新管理形式并及时掌握公司的运营情况。客房管理系统完善了顾客入住前、入住中、入住后等各项功能，如住宿登记、退房结账、查询统计等，有效提升了对住宿客人的服务与管理。住中服务又是酒店客房管理的一个重要模块，住中管家是针对酒店客房服务打造的智能化管家服务平台，基于微信公众号与 PMS 系统直连，让客房服务线上化，真正做到 24 小时智能化服务客户，实现客人预约开票、客房打扫、客房续住、房间报修、物品租借、洗衣服务、商城、机器人等各种住中管理服务，这样有利于提升客人体验，优化酒店人力物力，构建酒店私域流量。

学习引导 →

如何优化客房管理

某中型酒店坐落在一个热闹的海滨城市，该酒店拥有良好的设备和环境，拥有100间客房，客房部有14名服务员。酒店开业半年就实现了盈利，并且获得了客户良好的反馈。

但在国庆期间酒店却出现了一系列的问题。

首先是接到频繁的客房投诉。由于屡次出现客房清洁不到位的情况，房态没有及时更新导致多个客户预订了同一个房间，以及客房内设施损坏没有及时维修的问题，这直接导致了该酒店需要进行不断地补偿或退款，不仅增加了许多运营成本，还严重影响了酒店的声誉。

其次是高客房空置率问题。由于酒店客房排班使用的是传统的手工台账，出现客房排班不科学，直接导致员工工作效率低下。同时，房间的清洁、检查和维护不及时以及房态控制和更改不及时这些因素共同导致客房房间质量下降，客人对酒店满意度降低，最终导致客房预订率下降。尤其在旅游旺季，高客房空置率对酒店的收入造成了直接的负面影响。

最后是低客户保留率问题。客房管理不到位也影响了客户的保留率。由于在酒店的体验不佳，很多客户选择了其他竞争对手酒店。这也导致该酒店失去了一部分忠实客户和重复预订，进一步降低了酒店的利润，损害了酒店的长期利益。

【点评】

酒店在经营过程中经常会遇到一些问题，比如案例中的酒店由于客房清洁、客房配置等方面存在的不足导致了客房部被频繁投诉、旅游旺季存在高客房空置率、低客户保留率等问题。

究其原因，客房管理不科学是导致这些问题的关键因素。传统的手工客房排班和房态管理会导致客房管理不科学，客房清洁不及时，员工工作效率低下，房态控制不及时等问题，进而影响客房质量和客人满意度；而客人的满意度降低将直接导致客人投诉率增加，客户保留率下降；而客户流失，最终损害的是该酒店的利益。

其实，该酒店可以采取多种措施来解决上述问题，比如：采用全新的客房管理系统来提高客房管理的效率和质量；建立客户反馈渠道；定期进行客房的质量检查和评估等。

学习目标

知识目标

1. 认识客房管理系统的概念及作用。

2. 了解操作客房管理系统的运用场景，掌握客房管理系统的操作。

3.了解排班系统的定义，并学习操作系统。

4.了解SCM系统的概念和使用领域，并学习操作系统。

技能目标

1.掌握基本的客房管理系统操作。

2.掌握基本的排班系统操作。

3.掌握基本的SCM系统。

素养目标

1.使学生理解客房管理系统在酒店客房管理中的重要性，培养学生的理解能力。

2.理解各类操作系统在客房管理中的作用，提升学生的动手能力与思考能力。

任务一　认识客房管理系统

认识客房管理系统

实体经济的各行各业在插上信息化的翅膀后，无一不焕发出新的耀眼光芒，大家接触过哪些客房管理系统呢？

一、客房管理系统概述

（一）客房管理系统的概念

酒店客房管理系统是指用于酒店、宾馆等场所管理酒店客房的软件系统。该系统集成了多个功能模块，可以帮助酒店管理人员实现客房的房态在线管理、更改，员工工作量分配，客房查房设置，客用品消费管理等操作，并可查看客房的实时状态和信息。

（二）酒店客房管理系统的常见功能和特点

（1）客房预订管理（图5-1）。客户通过在线预订、电话预订和前台预订等方式预订酒店客房，客房管理人员可以根据客人需求进行房型、日期的选择，并及时处理预订的增、删、改操作，核查订单状况，提升客户预订体验。

图 5-1　客房预订管理

（2）房态管理和智能分配（图 5-2）。系统可以提供直观的房态图，显示客房的实时状态和可用性。基于预订情况和房间特性，系统可以自动进行智能分配，确保最佳的客房利用率和满意度。客房部员工可实时更新客房的状态，包括空房数量、预订量、入住情况、客房清洁情况、客房设备维修情况等。领班人员可以通过系统查看客房的实时状态，方便进行客房的分配和调度。

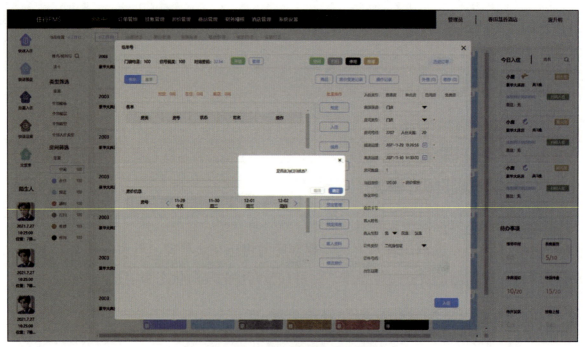

图 5-2　房态管理和智能分配

（3）客房部员工工作分配（图 5-3）。系统支持员工进行排房、排班，设置每个客房部服务人员服务一定数量的客房，包括客房的打扫、维修、卫生检查，客房客用品更新等工作。也可以根据实际情况进行灵活排班，确保每个客房都随时配有工作人员管理和服务，以提升工作效率和服务质量。

图 5-3　客房部员工工作分配

（4）客用品消费管理（图 5-4）。酒店客用品是指酒店为客人提供的可以提高客人的住宿体验和满足他们需求的各种物品，包括毛巾和浴巾、床上用品、洗浴用品、吹风机、熨斗和熨衣板、咖啡、茶具，迷你冰箱、保险箱、电视和遥控器、固定电话、饮用水、零食等。系统可以实现客用品的录入和管理。在客人消费客用品后，系统将进行信息的记录和更新。

图 5-4　客用品消费管理

（5）报表统计与分析（图 5-5）。系统提供各种报表和统计功能，包括客房入住率、客房清洁率、客房使用频次分析等。这些数据有助于酒店管理人员进行数据分析、业绩评估和决策制定。

图 5-5　报表统计与分析

（6）接口集成与互联互通（图 5-6）。客房管理系统通常支持与其他酒店管理系统的接口集成，如财务系统、门锁系统、电子渠道管理系统等，实现信息的互通和自动化操作。

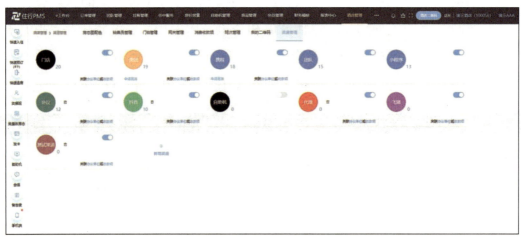

图 5-6　接口集成与互联互通

（7）房间维修和保养管理（图 5-7）。系统可以记录和跟踪客房维修和保养的需求。维修人员可以使用系统接收和处理客房报修请求，提供维修历史记录和维修进度跟踪，确保客房设施的良好运行和维护。

图 5-7　房间维修和保养管理

（8）数据安全和备份。系统应具备严格的数据安全和备份机制，记录员工工作数据。定期的数据备份和灾难恢复计划可以确保系统的可靠性和数据的完整性。

酒店客房管理系统通过集成多种功能模块，可以提高酒店的运营效率、服务质量和客户满意度。这样的系统不仅方便了酒店管理人员的日常操作，还为客人提供了更便捷、个性化的入住体验。通过酒店客房管理系统的应用，酒店管理人员可以提高管理效率、优化客房分配、提供个性化服务，从而提升客户满意度，实现酒店运营的可持续发展。

（三）客房管理系统的工作原理

酒店客房管理系统主要是为了提高客房部的工作效率，保持客房的清洁，保证客房的利用率。该系统的工作原理如图 5-8 所示。

二、酒店客房管理系统的作用

酒店客房管理系统具有以下的功能和作用。

（一）使客房部排班更加合理

员工可以根据自身的技能和经验以及酒店当日客户量的实际情况灵活地分配任务，并将排班信息及时更新到系统，确保酒店内部工作人员之间信息快速传递。如果遇到特殊情况可以及时更改排班安排，确保每个员工能更好地完成自己的职责。管理者可根据员工的可用性、偏好和工作时间，利用系统智能地创建轮班表，确保酒店各个部门都有适当的员工覆盖。系统还可以对员工工作状态和进展进行实时追踪，使管理人员对员工进行监控和调整。如果遇到突发状况也能快速调整员工配置，确保问题得到及时处理。

（二）确保房态信息及时更新

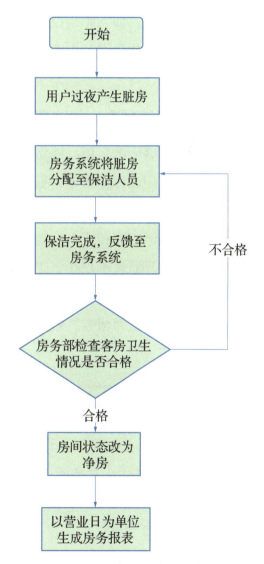

图 5-8　客房管理系统的工作原理

客房部员工及时更新和管理系统上的房态信息，可确保房间的状态，包括空房、入住、预订、清洁和维修等能够实时跟踪，可以准确了解每个房间的可用性。以防止过度预订或产生房间冲突，并能提前预测可能发生的房态变化。系统也可以提供灵活的房态改变选项，如合并、分割、暂停销售等，以满足酒店运营的需要。

（三）灵活设置查房规则

员工可通过系统设置和调整查房频率和时间，使之与酒店的标准和客人的需求相匹配，并能向员工提供提醒和通知。通过系统中的查房清单和指引，确保员工按照标准完成每个房间的清洁、整理和服务任务。记录并跟踪查房结果，可以及时发现和解决房间问题，从而确保能提供高质量的房间服务体验。

（四）优化客房的利用率

根据客人的需求、偏好和预订信息，自动进行房间排房，确保客人获得满意的入住体验。针对特殊要求，如无障碍设施、楼层偏好等，提供可定制的房间分配选项。处理客人的房间调整请求，优化房间利用率，通过这些举措酒店能提供更好的客户服务，从而提高客户满意度。

（五）便于管理客人的消费记录

跟踪和管理客人的客用品消费记录，包括迷你吧、洗漱用品等，方便结算和调整客房账单。实时监控客用品库存水平，提前预测和补充需要的客用品，以确保不会出现缺货或供应不足的情况。提供消费数据报表，可进行数据分析和报告，帮助酒店了解客用品消费趋势和偏好，优化供应链管理和成本控制。

酒店客房管理系统不仅在员工工作分配、改房态、查房设置、排房、调房和客用品消费管理等方面都具有比较明显的作用，可以极大地提高工作效率、优化资源利用，还可以提供更好的客户服务，进而增强酒店的运营效果和客户满意度。

任务实训

【实训项目】讨论酒店客房管理系统有哪些作用。

【实训目标】使学生熟悉酒店客房管理系统的定义以及作用，知道酒店客房管理系统可以帮助酒店解决哪些问题。

【实训时间】2学时。

【实训步骤】

（1）将学生进行分组，每组不超过6人。

（2）教师引导每个小组的学生根据所学知识、网上搜索的资料等信息就酒店客房管理系统的作用进行讨论和总结。

（3）讨论结束后，各小组选一名学生代表小组进行发言，其他小组点评，最后由教师点评总结。

【实训标准】

实训形式	以学生的讨论分享和教师的点评为主
角色分工	教师对此次实训进行引导和总结，每个小组各推举一名学生代表整个小组发言
实训重点	1.学生要积极参与讨论，加深对所学知识的理解； 2.学生在讨论过程中要充分利用所学知识和日常生活的所见所闻，要善于观察和学以致用

任务二　操作客房管理系统

操作客房管理
系统

　　在互联网环境下，宾客服务信息化和客房自动化是提高酒店竞争力的重要手段，如客房送物等，可以实现机器人化，降低人员工作强度，同时系统化服务能够快速响应客户需求，保证客人需求得到及时满足。那么实际操作的体验如何呢？

一、客房管理系统的应用场景

　　客房管理系统是一种可用来提升内部管理效率和工作效率的工具，有着极丰富的应用场景。具体的应用场景如下。

　　（1）酒店。酒店经营者可以使用客房管理系统来管理客房的排房、维修、排班、改房态、客用品管理等流程，提高客房的利用率和运营效率。

　　（2）民宿。民宿经营者可以使用客房管理系统来管理房源信息、接受预订、安排入住和退房等事务，方便管理和运营民宿业务。

　　（3）公寓。公寓管理者可以使用客房管理系统来管理公寓的房源信息、租赁合同、租金收取和维修保养等事务，提高公寓管理的效率和服务质量。

　　（4）宿舍。学校宿舍管理部门可以使用客房管理系统来管理学生宿舍的入住、退房和维修等事务，提供更好的宿舍管理服务。

　　（5）长租公寓。长租公寓运营商可以使用客房管理系统来管理公寓的房源信息、租赁合同、租金收取和维修保养等事务，提供更高效的长租公寓管理服务。

（6）旅馆。旅馆经营者可以使用客房管理系统来管理客房的预订、入住和退房等流程，提高旅馆的运营效率和客户满意度。

（7）度假村。度假村管理者可以使用客房管理系统来管理度假村的房源信息、预订、入住和退房等事务，提供更好的度假村管理服务。

（8）招待所。招待所经营者可以使用客房管理系统来管理客房的预订、入住和退房等流程，提高招待所的运营效率和服务质量。

（9）医院。医院可以使用客房管理系统来管理病房的预约、入住和出院等流程，提高病房的利用率和医院的管理效率。

（10）养老院。养老院管理者可以使用客房管理系统来管理养老院的房源信息、居住者入住和退房等事务，提供更好的养老院管理服务。

（11）会议中心。会议中心可以使用客房管理系统来管理会议室的预订、使用和收费等流程，提供更好的会议场地管理服务。

（12）度假公寓。度假公寓运营商可以使用客房管理系统来管理公寓的预订、入住和退房等流程，提供更好的度假公寓管理服务。

（13）游艇 / 豪宅租赁。游艇或豪宅租赁公司可以使用客房管理系统来管理房源信息、租赁合同、收租和维修等事务，提供更高效的租赁管理服务。

（14）农家乐 / 民宿联盟。农家乐或民宿联盟可以使用客房管理系统来管理农家乐或民宿的房源信息、预订、入住和退房等事务，提供更好的联盟管理服务。

（15）长期租赁住宅。长期租赁住宅经营者可以使用客房管理系统来管理房源信息、租赁合同、租金收取和维修保养等事务，提供更高效的长期租赁住宅管理服务。

这些只是一些常见的应用场景，实际上客房管理系统可以适用于任何需要管理住宿资源和提供住宿服务的场所。

二、酒店客房管理系统的操作流程

通过前文的学习我们已经知道，客房管理系统可以用来辅助客房部员工进行工作分配、排房、客用品管理。接下来我们将要学习的是客房管理系统的具体操作。图 5-3 表示房务管理的操作原理，员工可以根据当日的脏房数量、在岗人数等实际情况将酒店客房合理分配，客房部员工每个人负责一定数量的客房清洁、维护等。员工把客房整理干净之后，需要有专门的工作人员进行房务验收，检查客房的卫生程度是否符合要求、设备设施是否完善、客房物品摆放是否合规。检查结果反馈在系统中，将验收合格的脏房改为正常，验收不合格的客房点击不合格之后弹出命令框，可以重新指定相关人员进行客房清洁或者维修等，员工也可以通过电脑系统或者手机 App 进行分房操作（图 5-9）、房务验收（图 5-10）、App 房务管理（图 5-11）等。

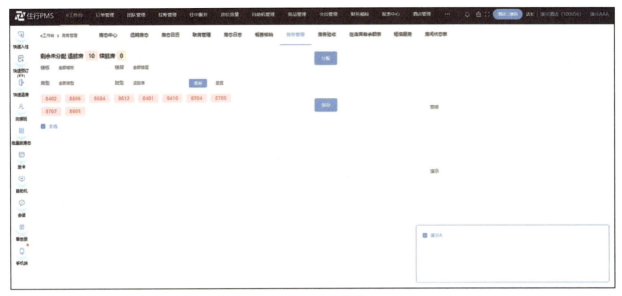

图 5-9　分房操作

图 5-10　房务验收

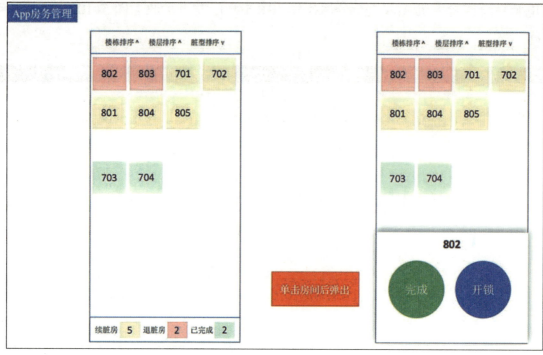

图 5-11　App 房务管理

 任务实训

【实训项目】使用客房管理系统进行房务验收操作。

【实训目标】使学生熟练掌握使用客房管理系统进行房务管理的操作方法和注意事项。

【实训时间】2 学时。

【实训步骤】

（1）教师预先设计好需要进行房务验收的房间的主要信息，包括房间号、房间的清洁情况等信息。

（2）学生登录客房管理系统，根据教师给的房间信息进行房务验收的整个流程操作。

（3）教师参与过程指导，最后根据学生操作过程中存在的问题进行点评。

【实训标准】

实训形式	以学生实训操作和教师的指导点评为主
角色分工	教师作为引导者负责实训的过程指导，学生需要在系统上模拟客房部员工进行房务验收的整个操作过程
实训重点	1.学生要将自己代入到角色中，在实训过程中牢记自己的角色； 2.学生在实训过程中遇到不懂的步骤要及时请教教师； 3.教师最后需要就本次实践进行总体的点评和总结

任务三	运用排班系统控制人力资源成本

　　传统的酒店前台排班和客房保洁排房管理由店长负责分配，不仅工作效率不高，还容易造成人为工作失误。而酒店排班系统，可以根据既有人力资源和排房逻辑，自动分配前台班次和保洁人员打扫房间，大家是否了解这个功能呢？

一、认识酒店排班系统

（一）酒店排班系统的定义

　　酒店员工排班管理系统是一种高效的软件系统，旨在帮助酒店管理者轻松协调和管理员工的工作安排。该系统提供了全面的员工信息，包括员工的可用时间、技能水平、职务等，为酒店管理者提供了全面的参考依据。通过酒店员工排班管理系统，酒店管理者可以轻松制订员工的排班计划，并随时进行灵活的调整。系统根据员工的可用时间、业务需求和员工的工作时间偏好等因素，自动生成最优化的排班计划。酒店管理者可以根据员工的职务和技能，合理分配工作班次，确保酒店各个部门的运营顺畅。

　　该系统还提供了实时的员工考勤管理功能，记录员工的上班时间、迟到早退、请假等情况。酒店管理者可以通过系统对员工的出勤情况进行监控和分析，及时发现问题并采取相应的措施。此外，系统还可以生成各种报表和统计数据，帮助酒店管理者评估员工的工作效率和绩效。

　　酒店员工排班管理系统的优势在于，显著提高工作效率和服务水平。通过自动化排班和实时考勤管理制度，系统减少了排班冲突和人力资源浪费的可能性。酒店管理者可以更加精确地安排员工的工作时间，提高员工的工作积极性和满意度。同时，系统也提供了即时的通知和提醒功能，确保员工及时了解自己的工作安排。酒店排班系统的工作原理如图5-12所示。

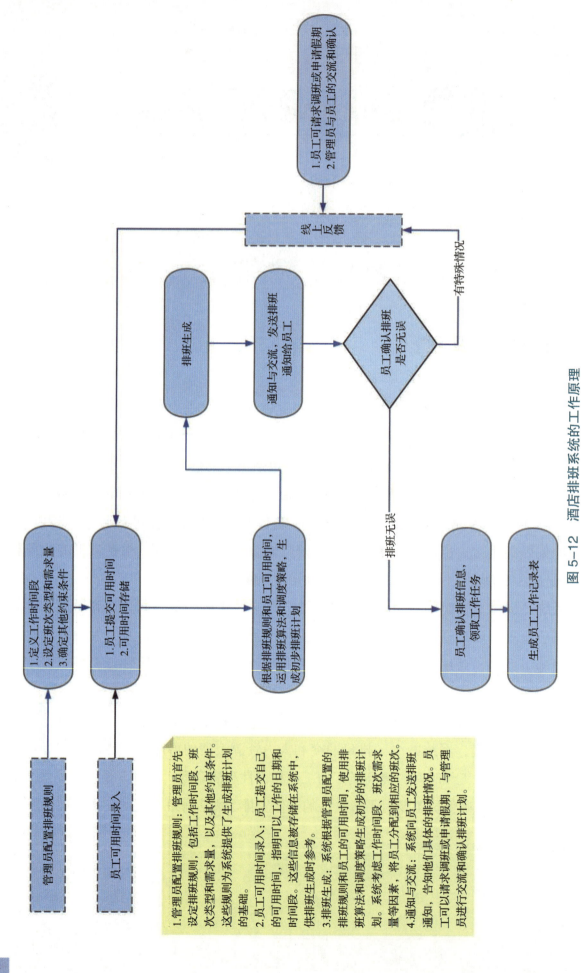

图 5-12　酒店排班系统的工作原理

（二）酒店排班系统的功能

酒店排班系统的功能是通过优化酒店的人力资源管理流程来实现员工的可视化、科学化管理，提升效率，降低人力成本，提升酒店的服务水平。以下是酒店排班系统的常见功能。

（1）班次规划和创建。酒店排班系统允许排班管理人员根据酒店的需求和员工情况创建不同类型的班次。包括早班、中班、晚班、全天班等。管理员可以设置每个班次的工作时间和人数限制，而员工可以通过系统清晰地看到自己的班次及详细要求。这种设置使员工的职责更加明确，也使酒店的管理更加透明。

（2）员工调度和分配。系统可以根据员工的可用时间和技能要求，自动或半自动地将员工分配到适当的班次中。通过员工的个人资料、工作能力和优先级设定，系统可以智能地匹配员工与工作班次，确保每个班次都有足够的员工覆盖。当遇到突发状况时，系统可根据每个员工的实际情况合理分配员工解决突发问题。

（3）弹性排班和换班。酒店排班系统可以支持员工之间的弹性排班和班次交换。员工可以提出调整班次的请求，系统会生成可交换的班次列表供员工选择。一旦员工达成交换班次的协议，系统会自动更新排班表并通知相关人员。

（4）休假管理。系统提供了休假管理功能，员工可以申请休假并提供起止日期。管理员可以审批或拒绝休假请求，并根据员工的休假情况调整排班表，确保在员工休假期间所负责的工作任务有合适的人员接替。

（5）实时监控和调整。酒店排班系统提供了实时监控功能，管理员可以随时查看员工的出勤情况和工作状态。如果出现变化，例如员工临时请假或遇到突发事件，管理员可以即时进行调整并通知相关人员。

（6）绩效评估和报告。系统可以生成排班数据和员工绩效报告，帮助管理人员进行分析和评估。这样可以评估员工的工作效率、出勤率、准时率和完成率等指标，并根据结果采取相应的改进措施。

（7）异常处理和警报。系统可以检测并处理排班过程中的异常情况。例如，当某个班次没有足够的员工可用时，系统会发送警报通知管理员，以便管理人员及时采取相应措施。

（8）集成其他系统。酒店排班系统可以与其他酒店管理系统集成，例如，员工管理、工资计算和考勤管理系统。这样可以实现数据的共享和自动化，减少重复操作和错误。

酒店排班系统可以提供更高效的员工管理和班次安排，帮助酒店提供更好的服务。

二、操作酒店排班系统

（一）排班系统的重要性

员工的权益已经成为酒店行业中备受关注的一个议题，普通员工都面临着相似的问题——薪资不足、工作负荷过大、缺乏尊严等。

根据数据显示，"95后"平均每7个月就会换工作[①]。随着越来越多个性鲜明的"95后"和"00后"进入职场，企业如果在人才管理方面做得不到位，就很难留住人才，有的企业有时自嘲地说："不要去责怪'95后'，他们会离职的。"酒店行业更是如此，经常面临着招聘困难、留人困难、员工工作效率低下的问题，为了让年轻一代员工愿意留下并有归属感，合理地安排员工工作是一件势在必行的事情。以酒店客房为例，通常有两班倒和三班倒。两班倒多见于单体酒店，尽管薪资相对较高，但员工工作强度高，同时过高的工作强度也不利于员工身心健康；相比之下，三班倒则更为常见，工作强度相对较小，但是收入又不如两班倒理想。而且在节假日时，酒店是最忙碌的时候，如果排班不合理，加班可能会更严重。这将影响员工的积极性和工作效率。

那么，我们如何解决这个问题呢？其实，只有在确保公平公正的前提下，考虑员工的工作与休息的平衡，合理安排员工的排班，才能确保员工的工作效率。通过合理的排班系统，合理规划员工的工作时间和工作内容，确保公平公正，可以降低员工的抱怨和离职率，提升员工工作效率，酒店可以通过减少对额外人员的需求来降低招聘和培训成本，实现员工和酒店双赢的效果。

（二）酒店客房排班原则

酒店经营步伐不能停滞，同时，员工的权益也不能损害，即使看似简单的排班，实际上也是一门深刻的学问。酒店如果能做到排班科学合理，有流程可依，并能贯彻执行，就已经成功大半。以客房为例，排班需要考虑以下方面。

（1）酒店客房需求量。可以根据酒店的客房数量、房型分布、入住率和退房率等因素，确定客房清洁和维护人员的需求量。这可以根据历史数据、季节性变化和特殊事件（如会议、活动）来预测。

（2）人员编制与班次需求。可以根据客房需求量确定适当的人员编制，将人员分配到不同的班次和工作时间段，以确保在各个时间段都有足够的员工进行客房清洁和维护工作。班次安排可以根据高峰期和低谷期的客房需求进行调整。

（3）人房比率和人员配备。可以根据酒店的人房比率（一般为0.2左右），确定适当的人员配备。这意味着每位员工需要负责一定的客房数量，以确保能够在规定时间内完成工作并达到良好的质量标准。

（4）班次轮换和休息安排。确保员工的工作负荷平衡和合理的休息时间。考虑到员工的健康和工作效率，排班时应安排适当的休息间隔和休假日。避免过于频繁的连续工作或连续

---

① 数据来源：中新网客户端，《95后平均7个月就离职 职场新生代何以说走就走？》，https://www.chinanews.com.cn/sh/2018/08-10/8595205.shtml，2018年8月10日，有改动。

休息，以提高员工的工作满意度和降低疲劳感。

（5）排班制度和灵活性。建立明确的排班制度，并确保员工了解和遵守规定。灵活性对于应对变化的客房需求、员工调整和突发情况至关重要。建立适当的沟通渠道，使员工能够提前申请休假、调班或处理临时问题。

（6）员工福利和激励措施。关注员工的福利和激励措施，以提高员工的工作积极性和投入度。这可以包括提供合理的工资福利、奖励制度、培训发展机会和良好的工作环境，以增加员工的满意度和忠诚度。

（7）数据分析和优化。应定期分析客房需求、员工绩效和排班计划的效果。根据数据的反馈，进行排班计划的优化和调整，以提高工作效率、降低成本，并确保员工和客户的满意度。

这些排班原则和考虑因素将帮助酒店实现高效的客房管理，并确保员工的权益得到保护，同时提供良好的客户体验。不同酒店可能有不同的需求和情况，因此可以根据实际情况进行调整和定制。总体的原则是科学、合理，确保每个房间、每个班次员工能轮流负责。酒店客房排班表可参考表5-1。

表 5-1　酒店客房排班表

姓名	日期	1	2	3	4	5	6	7	8	9	10
	星期	一	二	三	四	五	六	日	一	二	三
主管		A	B	休	A	B	休	A	A	B	A	B
保洁		A	B	B	休	A	A	B	A	休	A	B
领班		休	A	A	B	休	B	A	A	B	休	B
员工1		A	休	B	A	B	休	A	B	A	B	A
员工2		A	A	B	B	休	A	A	B	休	B	A
员工2		B	A	休	B	A	B	B	休	A	A	B
员工3		休	B	A	休	A	B	B	B	A	A	休
…												

A班：白班，8：00—16：00。
B班：中夜班，16：00—次日8：00。
具体排班时间根据酒店实际情况确定。

（三）客房排班系统操作流程

以下是一个典型的客房排班系统的操作流程示例。

（1）登录系统。使用个人登录凭据（用户名和密码）登录客房排班系统。

（2）创建排班计划。进入系统后，选择创建新的排班计划。在此步骤中，需要输入计划的时间范围（例如，一个月的排班计划）和其他必要的信息，如班次数量和考虑因素（如员工休假、房间需求等）。

（3）添加员工信息。在排班计划中，需要添加员工的基本信息，如姓名、工号、职位等，确保员工信息的准确性和完整性。

（4）设置班次和时间段。在排班计划中，设置不同班次的名称，如早班、中班、晚班和相应的工作时间段。确保工作时间段的设定符合酒店的运营需求。

（5）安排员工班次。根据排班计划的要求和员工的可用性，将员工分配到相应的班次和时间段。可以手动安排或利用系统的自动排班功能安排。

（6）考虑员工需求和平衡负载。在安排员工班次时，需要考虑员工的休假申请、加班要求和其他特殊需求。确保排班计划能够平衡员工的工作负载，避免过度安排或排班不足的情况。

（7）生成排班表。根据安排和设置，系统将自动生成排班表，该表显示每位员工在每个时间段的具体班次和工作安排。

（8）通知员工。使用系统内部通知、电子邮件或其他适当的通信方式，通知员工排班安排，确保员工及时了解他们的工作时间和班次。

（9）排班调整和变更管理。如果有员工需要调整排班或申请假期，他们可以通过系统提交请求。管理员可以使用系统的调整功能进行处理，并确保及时更新排班表。

（10）监控和分析。定期监控排班计划的执行情况，确保员工按时到岗并完成工作任务。通过分析排班数据和员工反馈，进行优化和改进，以提高排班效率和员工满意度。

请注意，具体的客房排班系统操作流程可能因系统供应商和定制需求而有所差异。上述流程仅提供了一般的操作指导，具体的流程可以根据酒店的实际需求和系统的功能进行调整和设置。

任务实训

【实训项目】请制作一张客房排班表。

【实训目标】学生熟练掌握酒店客房排班的操作原则和流程，认识到合理的客房排班的重要性。

【实训时间】2学时。

【实训步骤】

（1）教师预先设计好客房部的员工信息，包括岗位名称、人数等。

（2）学生每两人一组展开讨论，并根据教师提供的信息设计客房排班表。

（3）教师参与过程的引导，最后根据学生操作过程中存在的问题进行点评。

【实训标准】

实训形式	以学生实训操作和教师的指导点评为主
角色分工	教师作为引导者负责实训的过程引导，学生模拟酒店员工进行客房排班管理
实训重点	1.学生要将自己代入到角色中，在设计排班表的过程中要注意结合实际情况进行合理安排； 2.学生在实训过程中遇到不懂的地方要及时请教教师； 3.教师最后需要就本次实践进行总体点评和总结； 4.实训结束后，学生也可以就自己在实训过程中遇到的问题进行总结与讨论，加深对所学知识的理解

任务四　SCM系统的定义

运用 SCM 系统管理客房耗材物品

　　酒店业务供应链管理可以帮助酒店提高运营效率，优化物资采购和库存管理。通过优化供应链管理，酒店可以降低采购成本和库存成本。合理的供应商选择和优化的物流流程可以帮助酒店降低采购价格，并减少库存积压带来的额外成本。大家了解酒店 SCM 的具体功能吗？

一、认识 SCM 系统

（一）SCM 系统的定义

　　SCM 系统是供应链管理系统（Supply Chain Management System）的简称，它是一种用于协调和优化整个供应链活动的软件系统。供应链包括从原材料供应商到最终客户的所有环节，涉及采购、生产、仓储、物流和配送等多个领域。SCM 系统通过集成、协调和自动化供应链中的各个环节，帮助企业实现更高效、更可靠的供应链运作。

　　SCM 系统的目标是提高供应链的可见性、灵活性和响应能力，以满足市场需求、降低成本、减少库存和提高客户满意度。它提供了一套工具和功能，用于规划、执行和控制供应链活动，并提供实时的数据和分析，帮助管理人员做出明智的决策。

　　SCM 系统通常包括以下主要模块和功能。

　　（1）需求计划（Demand Planning）。基于市场需求和销售数据，进行需求预测和计划，以确保供应链能够满足预期的需求。

（2）采购管理（Procurement Management）。管理和协调与供应商的采购活动，包括供应商选择、采购订单管理和交付跟踪等。

（3）仓储和库存管理（Warehouse and Inventory Management）。管理仓库操作、库存跟踪和优化，确保物料和产品的准确存储、流转和配送。

（4）生产计划和排程（Production Planning and Scheduling）。按制订的生产计划，进行资源分配和生产排程，以实现生产线的高效运作和最佳利用。

（5）物流管理（Logistics Management）。管理物流和运输活动，包括路线规划、运输模式选择和运输成本控制，确保产品按时准确地送达目的地。

（6）供应链协同（Supply Chain Collaboration）。促进供应链各方之间的协同合作和信息共享，以提高供应链的整体效率和协同性。

（7）数据分析和优化（Data Analysis and Optimization）。收集和分析供应链数据，提供实时指标和报告，以支持决策制定和供应链优化。

SCM 系统的实施可以根据企业的需求和规模进行定制和配置。它可以与其他企业资源计划（ERP）系统、客户关系管理（CRM）系统和供应商关系管理（SRM）系统等集成，形成一个完整的企业管理解决方案，优化供应链管理，并提升企业竞争力。

（二）SCM 系统的应用场景

SCM 系统可以应用于多个领域，涵盖了广泛的供应链活动。以下是一些常见的领域和行业。

（1）制造业。SCM 系统在制造业中的应用非常广泛。它可以帮助制造商管理供应链中的各个环节，包括原材料采购、供应商管理、库存控制、生产计划和物流管理。通过实时的需求预测和库存管理，制造商可以减少库存积压、提高生产效率，并确保及时交付产品。

（2）零售业。在零售业中，SCM 系统可以帮助零售商管理产品的采购、库存和分销。它可以基于销售数据、市场趋势和需求预测，协助零售商进行准确的库存规划和补货，以满足客户需求，并避免过度或不足的库存情况。

（3）物流和运输业。物流和运输业是供应链的重要组成部分。SCM 系统可以优化物流和运输网络，包括运输路线的规划、货物跟踪、仓储管理和配送协调。通过实时的数据和分析，物流和运输公司可以提高运输效率、降低成本，并提供更好的客户服务。

（4）酒店、餐饮业。酒店和餐饮业的供应链涉及食材的采购、库存管理和供应链协调。SCM 系统可以帮助这些企业进行食材采购规划、库存管理和供应链跟踪。它可以提供实时的库存信息，确保食材的及时供应和新鲜度，减少食材浪费和库存积压。

（5）医药和医疗器械业。在医药和医疗器械行业，SCM 系统可以帮助企业管理复杂的供应链网络。它可以跟踪医药品和医疗器械的采购、仓储、分销和监管合规性。SCM 系统可以提供实时的库存信息和追溯能力，确保医疗产品的可及时获取及合法合规。

（6）快消品和日用品行业。快消品和日用品行业的供应链需要管理大量的产品、供应商和分销渠道。SCM系统可以帮助企业优化供应链网络，加强产品的库存管理和流通效率，提高订单处理速度，并快速响应市场需求。

（7）能源和公用事业。能源和公用事业领域的供应链管理涉及能源采购、供应链协调和设备维护等方面。SCM系统可以帮助企业实现对能源供应链的全面管理，包括能源采购、供应商选择、供应链协调和维护计划。

除上述行业外，SCM系统在各种不同的领域，如汽车制造、航空航天、电子产品、农业和化工等，都有广泛的应用。通过优化供应链流程、提高供应链可见性和协同合作，SCM系统可以提高企业的运营效率、降低成本，并增强企业的竞争力。

知识链接

酒店客房进销存管理

酒店客房进销存管理是指对客房内所使用的物品进行有效的进货、销售和库存管理的过程。它涉及物品的采购、库存控制、消耗追踪和补货等环节，旨在确保客房物品的充足供应、降低成本、提高效率，并满足客户需求。以下是酒店客房进销存管理的详细解释。

（1）物品清单和分类。酒店首先需要制定客房所需物品的清单，并对其进行分类。这样可以更好地组织和管理不同类型的物品，如耗材（洗漱用品、纸品等）、家具、设备（电视、空调等）等。清单和分类可以根据不同房型和客房需求进行细分。

（2）供应商选择和合作。酒店需要选择合适的供应商，并与其建立合作关系。选择供应商时，酒店应考虑供应商的可靠性、价格竞争力、物品质量和服务水平等因素。与供应商建立合作关系后，酒店可以与其洽谈价格、交付条件和售后服务，并签订供货合同。

（3）采购计划和订单管理。根据物品的需求和库存情况，酒店制订采购计划并生成采购订单。采购计划基于客房需求预测、历史消耗数据和市场趋势等信息进行制订。生成采购订单后，酒店将订单发送给供应商，并跟踪订单的进度和交付状态。

（4）物品收货和验收。一旦供应商将物品交付给酒店，酒店就需要进行物品的收货和验收。验收过程包括检查物品的数量、质量和规格是否与订单一致，并记录物品的进货日期和供应商信息。物品验收的结果会影响供应商的付款和退货政策。

（5）库存管理。酒店需要实时跟踪和管理客房物品的库存。库存管理包括记录物品的进货和出库情况，更新库存数量，设置库存警报和自动补货功能。通过库存管理，酒店可以避免物品过剩或不足，及时补充耗尽的物品，并优化库存成本。

（6）消耗追踪和补货。酒店需要追踪客房物品的消耗情况，记录每个客房的物品使用量，并根据消耗情况进行补货。这可以通过客房清扫和维修报告、系统记录以及员工的反馈来实现。及时的消耗追踪和补货可以确保客房物品的持续供应，避免因物品短缺而影响客户体验。

（7）报表和分析。报表和分析包括库存报表、采购报表、消耗报表等的分析，成本分析，供应商评估等。

二、学会使用 SCM 系统管理酒店客房耗材物品

（一）SCM 系统在客房管理中的应用

SCM 系统可以帮助酒店有效管理客房耗材物品，确保其供应和使用的可靠性和效率。以下内容将介绍 SCM 系统如何协助管理酒店客房耗材物品。

（1）计划和预测。SCM 系统通过分析历史数据、市场需求和入住趋势等信息，帮助酒店预测客房耗材物品的需求量。它能够提供准确的需求计划，帮助酒店合理规划物品的订购和补充，避免物品供应不足或过剩的情况产生。

（2）供应商管理。SCM 系统维护了酒店与供应商之间的合作关系和信息共享。通过系统，酒店可以管理供应商的联系信息、合同细节和价格协议等，这使得酒店能够更好地与供应商合作，确保及时获取高质量的耗材物品。

（3）订单管理。SCM 系统允许酒店轻松管理和跟踪客房耗材物品的采购订单。酒店可以通过系统生成订单，并记录订单的详细信息，如物品名称、数量、价格和交付日期等。这样可以确保物品的采购过程有序进行，并及时跟踪订单的状态和交付进度。

（4）库存管理。SCM 系统提供全面的库存管理功能，帮助酒店跟踪和控制客房耗材物品的库存。系统会记录物品的进货和出库情况，并实时更新库存数量。通过系统的库存管理，酒店可以避免库存过剩或短缺，确保耗材物品始终充足可用。

（5）交付和验收。SCM 系统支持供应商与酒店之间的物品交付和验收流程。系统可以追踪物品的交付状态，记录物品的收货和验收情况。这样，酒店可以准确追踪物品的来源和质量，并及时更新库存信息。

（6）消耗追踪和补充。SCM 系统能够跟踪和记录客房耗材物品的使用情况和消耗量。酒店可以通过系统准确了解物品的消耗速度和使用频率。当物品接近耗尽时，系统会提醒酒店及时补充，确保客房物品的持续供应。

（7）成本控制和效率提升。通过 SCM 系统的应用，酒店可以实现对耗材物品采购成本、消耗率和库存周转率等指标的监控和分析。系统提供了实时的数据和报告，帮助酒店评估物

品的使用效率和成本效益，从而优化采购策略和控制成本，提高供应链效率。

SCM 系统在酒店客房耗材物品管理中的作用是通过需求规划、供应商管理、订单管理、库存管理和成本控制等功能，帮助酒店实现物品的准确供应、提高运作效率，从而确保客房物品的可用性和质量，降低库存成本，提升客户满意度。

（二）酒店 SCM 系统操作流程

在使用 SCM 系统进行酒店客房耗材物品管理时，可以参考以下的操作流程。

（1）需求规划。利用 SCM 系统通过综合分析酒店的历史入住数据、季节性变化和特殊事件等信息，预测客房耗材物品的需求量，将这些需求量输入系统。系统会根据这些预测数据，生成详细的耗材订购计划，确保酒店及时补充所需的物品。

（2）供应商管理。SCM 系统可以记录酒店与供应商之间的合作关系，这包括供应商的联系信息、合同条款和价格协议等。酒店可以通过系统与供应商进行沟通和协商，确保及时获得高质量的耗材物品。也可以通过历史合作记录等信息进行供应商的对比，选择最合适的供应商进行合作。

（3）订单管理。在 SCM 系统中，根据实际需求提交耗材物品的采购订单，包括物品名称、数量等。系统会记录每个订单的细节，如物品名称、数量、价格和交付日期等。酒店可以方便地通过系统发送订单给供应商，并实时跟踪订单的状态和交付进度。

（4）库存管理。SCM 系统提供了对客房耗材物品库存的全面管理。员工通过系统查看每件物品的进货和出库记录，有物品售出时，及时更新库存数量。并可以通过系统设置库存警报和自动补货功能，确保耗材物品的库存始终充足。

（5）交付和验收。当供应商将物品交付给酒店时，SCM 系统能够跟踪交付的整个过程。酒店可以通过系统记录和确认收到的物品，检查其数量和质量，并及时更新库存信息。这样可以避免漏收或损耗，并保证物品的质量符合预期标准。

（6）使用和消耗追踪。SCM 系统记录每个客房耗材物品的使用情况和消耗量。酒店可以通过系统追踪物品的消耗速度和使用频率，准确掌握物品的需求情况。当物品接近耗尽时，系统会提醒管理员及时补充，员工即可采购新的物品，以确保客房的正常运营。

（7）成本控制和报告。SCM 系统提供了对耗材物品采购成本、消耗率和库存周转率等指标的监控和分析。酒店管理者可以通过系统生成详细的成本报告，帮助管理人员评估耗材物品的使用效率和成本效益。这样的数据分析有助于酒店制定合理的采购策略，优化成本控制，提高盈利能力。

通过 SCM 系统的应用，酒店能够实现对客房耗材物品的精确管理、供应链的协同合作和成本控制，这将有助于酒店提供高品质的客房服务，减少浪费，降低运营成本，提升客户满意度。

任务实训

【**实训项目**】讨论什么是 SCM 系统，它有哪些应用场景。

【**实训目标**】让学生了解 SCM 系统的定义以及它有哪些作用，掌握 SCM 系统的应用场景。

【**实训时间**】2 学时。

【**实训步骤**】

（1）将学生进行分组，每组不超过 6 人。

（2）教师引导每个小组的学生根据所学知识、网上搜索的资料等信息就 SCM 系统的定义和应用场景进行讨论。

（3）讨论结束后，各小组选一名学生代表小组进行发言，其他小组点评，最后由教师点评总结。

【**实训标准**】

实训形式	以学生的讨论分享和教师的点评为主
角色分工	教师对此次实训进行引导和总结，每个小组各推举一名学生代表整个小组发言
实训重点	1. 讨论的过程也是温故知新的过程，学生要积极参与讨论，加深对所学知识的理解； 2. 学生在讨论过程中要充分利用所学知识和日常生活的所见所闻，要善于观察和学以致用

项目六
智慧客房管理

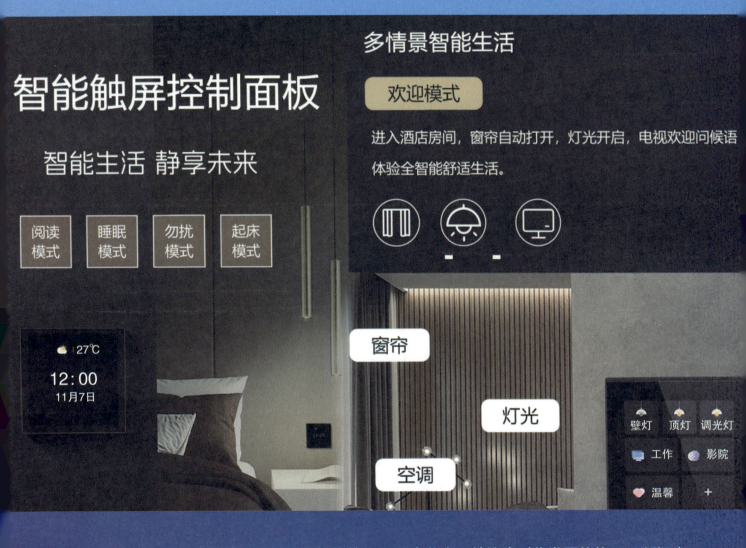

智能触屏控制面板

智能生活 静享未来

| 阅读模式 | 睡眠模式 | 勿扰模式 | 起床模式 |

27℃
12:00
11月7日

多情景智能生活

欢迎模式

进入酒店房间，窗帘自动打开，灯光开启，电视欢迎问候语体验全智能舒适生活。

窗帘

灯光

空调

壁灯　顶灯　调光灯

工作　　影院

温馨　　+

随着科技的不断进步和智能化设备的普及，酒店业也开始迎合时代发展趋势，不断探索如何将智能化融入旅客的住宿体验中，将酒店打造成为一个舒适、便利且智慧的第二个家。通过引入人工智能、物联网等技术，智能房间正在改变着人们在酒店中的生活方式，使宾客能够享受到更加个性化、高效的服务。

智能客房系统的应用

何先生是一位经常出差的商务旅客。他最近入住了一家酒店，这家酒店刚刚引入了智能客房系统。

这是何先生第一次在酒店感受到印象深刻的智能体验。当何先生进入客房时，他注意到房间内的灯光已经自动开启，营造出了温馨舒适的氛围。同时，窗帘已经自动打开，透过窗户可以欣赏到美丽的城市景色。

何先生放下行李后，他通过酒店提供的智能控制面板，调节了房间的温度和照明。他喜欢房间稍微凉爽一些，所以将空调温度调至适宜的水平，并调暗了灯光。

何先生坐在床上，拿起酒店提供的智能手机，通过手机上的应用程序连接到酒店的智能客房系统，并通过手机控制房间内的电视、音响和窗帘等设备。他选择了一个轻松的音乐播放列表，并调节了电视的音量。

何先生觉得有点饿了，便通过智能手机上的酒店应用程序，订购了客房服务。几分钟后，服务员送来了他点的食物。何先生很满意地享用了美味的晚餐。

当何先生准备休息时，他通过智能手机上的应用程序，设置了房间的安全模式。这样，他可以通过智能手机监控客房内的安全摄像头，确保自己的安全和隐私。

第二天早上，何先生醒来时，发现窗帘已经自动打开，阳光透过窗户洒进房间。他感到非常舒适和愉快。

在离开客房之前，何先生通过智能手机结账，并对酒店进行了评价。他对智能客房系统的体验非常满意，觉得这种个性化、便捷的服务让他的住宿体验更加舒适和愉快。

【点评】

这个案例展示了智能客房系统在提升客户体验方面的优势。

智能客房系统的优势在于提供了更加个性化、便捷的服务，满足了客人对于舒适、便利和安全的需求。客人可以通过智能设备实现对客房环境的个性化调节，并能订购客房服务，还可以实时监控房间安全。

然而，智能客房系统也需要注意隐私保护和数据安全等问题。客人对智能设备的隐私和数据安全会存在一些合理的担忧，因此酒店需要加强智能客房系统的安全防护，确保客人的隐私和数据不会被泄露或滥用。

学习目标

知识目标

1. 了解智能客控系统的特点和功能。

2. 了解智能电视系统的概念和特点。

技能目标

1. 掌握设置智能灯光、窗帘、空调系统联动的方法和原则。

2. 掌握酒店智能电视系统的常见功能和系统结构。

素养目标

1. 使学生了解什么是智慧客房管理，培养学生的独立思考能力和理解能力。

2. 锻炼学生的信息接收和理解整合能力。

任务一　认识智能客房控制系统

认识智能客房
控制系统

通过集成网络、传感器和其他高科技手段，让客房变得会听话、能交流，具备情景灯光和各种炫酷功能，这样的客房你喜欢吗？

一、智能客房控制系统

智能客房控制系统是一种集成了各种智能设备和技术的系统，是利用计算机控制、通信和网络等技术的系统，通过在客房内安装客房智能控制器（RCU），构建专用网络，实现对酒店客房的安防系统、门禁系统、中央空调系统、智能灯光系统、服务系统等的智能化管理与控制。

该系统能够实时监测客房状态、宾客需求和设备情况，协助酒店进行实时控制和分析客房设备及内部资源的综合服务管理控制，旨在提供更便捷、舒适和节能的客房体验。通过该系统，用户可以通过手机、平板电脑或其他智能设备远程控制客房内的灯光、温度、窗帘、电视等设备。

智能客房控制系统通常包括以下功能。

（1）灯光控制：用户可以根据需要调整灯光亮度、色温或颜色，或者设定自动化调度，根据时间或用户活动来自动调整灯光。

（2）温度控制：用户可以设定理想的室内温度，系统会自动调节暖气、空调等设备，提供舒适的温度环境。

（3）窗帘控制：用户可以打开、关闭或调整窗帘，以控制室内光照并保护个人隐私。

（4）媒体控制：用户可以控制电视、音响等媒体设备的开关、音量和内容选择，实现个性化娱乐体验。

（5）安全控制：系统可以监测客房内的安全状况，包括烟雾、火灾、漏水等，并及时警示用户或自动采取措施。

（6）能源管理：系统可以监测电力、水和能源的使用情况，并提供节能建议，以降低能源消耗和环境影响。

智能客房控制系统的优势在于提供了更高的便利性、舒适性和整体效率，并可以节省能源和降低运营成本。同时，它也提供了个性化的客房体验，满足了不同用户的需求和偏好。

二、智能客房控制系统的特点

（一）自动化控制

智能客房控制系统通过使用传感器和控制器，实现对客房内部设备和系统的自动化控制。这意味着客房内的空调、灯光、窗帘等设备可以根据客人的需求和环境条件自动调节。例如，当客人离开房间时，系统可以自动关闭空调和灯光，以节约能源。

（二）远程控制

通过智能手机、平板电脑或电视等终端设备，客人可以远程控制客房内部的设备和系统。无论客人身在何处，只需打开相应的应用程序，就可以远程调节空调温度、控制电视、打开或关闭窗帘等。这为客人提供了更加便捷和个性化的住宿体验。

（三）个性化设置

智能客房控制系统允许客人根据自己的需求和喜好，自定义客房内部设备和系统的设置。客人可以调节灯光亮度、选择音乐播放列表、调整窗帘开合程度等，以营造出符合自己喜好的舒适环境。

（四）能源管理

智能客房控制系统可以有效管理和节约能源。系统可以根据客人的入住情况自动调节空调和照明，避免不必要的能源浪费。当客人离开房间时，系统可以自动降低空调温度和关闭灯光，以节约能源。

（五）安全保障

智能客房控制系统提供安全保障功能，例如，智能门锁和监控摄像头。智能门锁可以通过密码、指纹或手机等方式开锁，提高房间的安全性。监控摄像头可以实时监测公共区域的情况，确保客人的安全。

（六）数据分析

智能客房控制系统可以收集客房使用数据，并进行分析和统计。通过对数据的分析，酒店管理者可以了解客房使用情况和客人需求，从而优化服务和资源配置。例如，根据客人的喜好，酒店可以提供个性化的服务和推荐。

智能客房控制系统的目的是提供更便捷、舒适、安全和个性化的住宿体验，提高客人满意度和酒店运营效率。它也是酒店迎接智能化时代的重要技术应用之一。通过智能客房控制系统，酒店可以提供更加智能化和个性化的服务，满足客人不断变化的需求，提升酒店的竞争力。

三、智能客房控制系统的功能

（一）灯光及电器的智能控制

（1）智能客房内所有开关均为弱电自复位式开关，且无辐射，具有较高的安全性。

（2）当客人进入客房时，系统会检测到房门开启并自动点亮房间内的廊灯，从而为客人提供智能化和个性化的体验。廊灯具有自动熄灭功能，延时30秒后自动熄灭，安全节能。

（3）当插入门卡时（门锁卡取电时），系统会自动熄灭廊灯并点亮酒店所指定的灯具，如客房灯或左右床灯。在系统软件客户端上会显示插卡人的身份和姓名，如服务员王华、工程师李强或其他客人等。此外，系统会禁止不属于门卡的东西，比如名片、纸片等其他类型的卡片取电。

（4）当按下床头的"总控"开关时，系统将关闭客房内所有灯具和排气扇，并进入睡眠模式。

（5）在睡眠模式下，按下任意一个开关，系统将自动点亮夜灯，然后进入正常模式，各开关恢复对灯光和排气扇的正常控制。

（6）床头的左、右床灯可进行调光控制（要求使用白炽灯）。

（7）当客房内无人时，卫生间内的排气扇将会定时启动，以保证空气清新。

（8）窗帘具备自动控制功能。白天（8：00—17：00）客人进入房间时，窗帘会自动打开；晚上客人进入房间时，窗帘会自动关闭；客人离开房间时，窗帘均会自动关闭。窗帘自动打开或者关闭的时间可根据各地时差、季节、酒店要求等灵活设置。

（9）当客人拔卡离开房间时，系统会延时关闭所有灯具、排气扇和受控插座电源。客房内的插座将接入配电箱内，控制方式分为两种：一种为 24 小时不断电插座，如冰箱、电脑、保险箱插座等；另一种为受控插座，如电视机、台灯、落地灯、卫生间插座等，此类插座的电源接口通过交流接触器与 RCU 控制相连。

（二）服务功能的智能控制

当客人入住客房后，智能住中服务系统即可启动，可随时通过系统软件客户端呼叫或取消相应的服务。

当按下"请即清理"开关时，门口显示屏会显示相应状态，并在系统软件客户端上弹出语音和文字信息提示。再次按下此开关后，状态将消失。

当按下"请勿打扰"开关时，门口显示屏会显示相应状态，并在系统软件客户端上显示此消息。此时门外的门铃按键将无效。再次按下此开关后，状态将消失。

当按下"请稍后"开关时，门口显示屏会显示相应状态。再次按下此开关或房门打开后，状态将取消。

当按下"退房"开关时，系统软件客户端会弹出声音和文字信息提示。再次按下此开关后，状态将消失。

当按下"SOS"开关时，系统软件客户端弹出声音和信息提示。使用专用钥匙复位此开关后，状态将取消。

（三）空调的智能控制

（1）智慧客房内安装网络型温控器，可与 RCU 进行智能通信，以实现远程监控的目的。

（2）在系统软件客户端上可随时查看任一客房内网络温控器的运行参数，如开 / 关设定温度、实际温度、风速、制冷 / 制热等，一旦发现异常可及时处理。

（3）客房内网络温控器可根据客房的房态（已租、待租、开房、故障等，此信息来自酒店管理软件），并按照系统软件客户端上设定的参数（酒店方可自由修改，需要相应权限）自动控制风机及电动阀，调节客房内温度、湿度等，以达到提高客人舒适度并节约能源的目的。

（四）系统软件功能

（1）客房状态显示功能。

客房状态显示功能可在酒店管理软件中显示（可选择分层显示）所有客房的房态信息，包括：客房有无人状态、持卡人身份信息（通过智能身份识别型插卡取电开关）、勿扰状态、清理状态、退房状态、SOS 状态、客房门开关状态以及客房空调的运行状态（实际温度、设定温度、风速、制冷 / 制热）等。

（2）信息提示及报警功能。

当客人按下客房内的"请即清理""SOS""续房""退房"等按键时，系统软件上会自动弹出相关信息提示，并记录发出请求的房间号和发生时间等信息，并伴有报警提示音，以提醒服务人员及时进行处理。当服务人员完成处理后，再次按下相应开关即可取消请求状态，并且软件上的提示会自动消失。

（3）客房内空调远程控制功能。

系统管理员可以在软件端设定客房内空调的运行参数。空调的运行模式分为冬季和夏季两种。在这两种模式下，客房的房态会被分为"待租""已租无人""开房""空置"等模式。用户可以根据实际情况修改各房态模式下空调的运行参数，包括空调的开关状态、设定温度和风速等。设置完成后，客房内的空调将按照设定值进行工作。

（4）设备运行状态检测功能。

在工程部可以安装客户端软件，并获得"设备运行监测"界面的授权。在这个界面中，可以显示所有设备如 RCU、温控器、智能插卡取电开关等的运行状态。当设备出现故障时，系统会自动显示故障位置并发出声音报警。工程人员可以第一时间到达现场进行维修，以确保客房设备正常运行，从而预防客人投诉。同时，及时维修还能防止设备在故障状态下长时间运行，消除潜在的安全隐患。

（5）历史数据查询功能。

客房插卡信息、各种服务状态的时间等会自动保存至数据库。酒店相关工作人员可以根据需要查询任意时间和客房的相关历史记录，以帮助酒店方对员工进行绩效考核。为了确保系统正常运行，这些数据会在系统服务器端保存一年。如果需要备份，酒店网络管理员可以将数据库导出备份。

四、智能客房系统的发展趋势

智能客房系统是酒店行业中的一项重要技术发展，其朝着更加智能化、个性化、智能联网、绿色环保和用户体验优化的方向发展。随着科技的不断进步，智能客房系统将为酒店行业带来更多的创新和发展机遇。

（一）人工智能和语音控制

随着人工智能技术的不断进步，智能客房系统将更多地融入人工智能技术，实现更智能化的服务。例如，客人可以通过语音控制智能助手来调节客房设备、查询信息、预订服务等，得到更便捷的用户体验。

（二）个性化定制服务

智能客房系统将更加注重客人的个性化需求，通过数据分析和智能算法，为客人提供更加个性化的服务，例如，根据客人的偏好调节客房温度、提供个性化的推荐服务等。

（三）智能联网和物联网技术

智能客房系统将更多地采用物联网技术，实现各种设备的互联互通，提高系统的整体智能化水平，例如，客房设备之间的智能联动、远程监控和管理等。

（四）数据安全和隐私保护

随着智能客房系统的发展，数据安全和隐私保护将成为更加重要的问题。智能客房系统需要加强数据加密和隐私保护措施，确保客人的个人信息和隐私安全。

（五）绿色环保和节能减排

智能客房系统将更加注重节能减排和环保理念，通过智能控制系统实现客房设备的智能化管理，提高能源利用效率，降低能源消耗和排放。

（六）无人化服务和自助服务

智能客房系统将更多地实现无人化服务和自助服务，客人可以通过智能设备自助办理入住、退房、预订服务等，以减少人工成本，提高服务效率。

 任务实训

【实训项目】讨论"什么是智能客房系统"。

【实训目标】使学生了解智能客房控制系统，知道智能客房控制系统的结构，以及它在酒店客房管理中的作用。

【实训时间】2 学时。

【实训步骤】

（1）将学生进行分组，每组不超过 6 人。

（2）教师引导每个小组的学生根据所学知识、网上搜索的资料等信息就智能客房控制系统的定义和功能进行讨论。

（3）讨论结束后，各小组选一名学生代表小组进行发言，其他小组点评，最后由教师总结提升。

【实训标准】

实训形式	以学生的讨论分享和教师的点评为主
角色分工	教师对此次实训进行引导和总结，每个小组各推举一名学生代表整个小组发言
实训重点	1. 讨论的过程也是温故知新的过程，学生要积极参与讨论，加深对所学知识的理解； 2. 学生在讨论过程中要充分利用所学知识和日常生活中的所见所闻，要善于观察和学以致用

任务二　设置智能灯光窗帘空调系统联动

设置智能灯光窗帘空调系统联动

　　根据应用场景变幻设置好的预调情景灯光，并且与空调、电动窗帘联动，如观影模式、睡眠模式、明亮模式等，这样的客房大家想住吗？

一、设置智能灯光窗帘空调系统联动的含义

　　设置智能灯光、窗帘和空调系统的联动，是指通过智能技术将这些设备进行连接和协调，实现彼此之间的自动调节和互动。酒店设置智能灯光窗帘空调系统联动，意味着这些设备之间可以相互协调和配合工作，可以为客户提供更加智能化和舒适的住宿体验。具体含义如下。

　　（1）智能灯光系统联动。智能灯光系统可以与其他设备进行联动，如与窗帘、空调等设备进行协调工作。例如：当客人打开房间的门锁时，灯光可以自动亮起，为客人提供良好的视觉环境；当客人离开房间时，灯光可以自动关闭，以节约能源。

　　（2）窗帘与灯光、空调的联动。智能窗帘可以与灯光和空调系统进行联动。例如：当客人打开窗帘时，灯光可以自动调暗，以适应室外光线的变化；当客人关闭窗帘时，灯光可以自动调亮，提供良好的照明效果。同时，窗帘的开合程度也可以影响空调系统的工作，以实现室内温度的调节。

　　（3）空调与灯光、窗帘的联动。智能空调系统可以与灯光和窗帘进行联动。例如：当客人打开窗帘时，空调可以根据室外温度和光线的变化，自动调节室内温度，以提供舒适的环境；当客人关闭窗帘时，空调可以自动调整温度，以节约能源。

　　通过智能灯光、窗帘、空调系统的联动，酒店可以实现设备之间的协调工作，以提供更加智能化、舒适的住宿体验，同时也实现了能源的有效节约。客人可以享受到自动化调节的

灯光、窗帘和空调，无须手动操作，提高了住宿的便利性和舒适度。同时，联动系统也可以帮助酒店节约能源，提高运营效率。

二、实现系统联动的方式

（一）中央控制系统

酒店客房内安装中央控制系统，通过该系统来集中管理和控制灯光、窗帘和空调等设备。中央控制系统可以通过预设的场景模式或者自定义的设置，实现设备之间的联动。例如，当客人进入房间时，系统可以自动打开灯光、调整窗帘和空调，以提供舒适的环境。

（二）传感器技术

酒店使用各种传感器来感知环境的变化，例如，光线传感器、温度传感器和人体感应传感器等。这些传感器可以与灯光、窗帘和空调等设备进行连接，实时监测环境的状态，并根据设定的规则进行联动控制。例如，当光线传感器检测到室外光线变暗时，系统可以自动调亮灯光和关闭窗帘。

（三）人机交互界面

酒店可以提供智能手机应用或者触摸屏等人机交互界面，让客人可以方便地控制灯光、窗帘和空调等设备。通过这些界面，客人可以自由调节设备的工作状态，实现设备之间的联动。例如，客人可以通过手机应用一键控制灯光、窗帘和空调，设置自己喜欢的场景模式。

（四）云平台技术

酒店可以将智能灯光窗帘空调系统接入云平台，通过云端的数据处理和控制，实现设备之间的联动。云平台可以收集和分析各种数据，如客人的偏好、环境的变化等，根据这些数据进行智能化的联动控制。例如，根据客人的入住记录和喜好，系统可以自动调节设备，提供个性化的服务。

通过智能灯光、窗帘和空调系统的联动，可以提供更加智能化和舒适的居住体验。这样不仅可以节省能源，还可以根据不同的需求和环境自动调节，提供更加个性化和便捷的控制方式。

任务实训

【实训项目】说一说设置智能灯光、窗帘、空调系统联动需要用到哪些技术。

【实训目标】让学生了解设置智能灯光、窗帘、空调系统联动的含义，并且知道设置智能灯光窗帘空调系统联动的实现方式是什么。

【实训时间】1 学时。

【实训步骤】

（1）将学生进行分组，每组不超过 6 人。

（2）教师引导每个小组的学生根据所学知识、网上搜索的资料等信息就设置智能灯光、窗帘、空调系统联动的关键技术和关键事项进行讨论。

（3）讨论结束后，各小组选一名学生代表小组进行发言，其他小组点评，最后由教师总结点评。

【实训标准】

实训形式	以学生的讨论分享和教师的点评为主
角色分工	教师对此次实训进行引导和总结，每个小组各推举一名学生，代表整个小组发言
实训重点	1. 讨论的过程也是温故知新的过程，学生要积极参与讨论，加深对所学知识的理解； 2. 学生在讨论过程中要充分利用所学知识和日常生活的所见所闻，要善于观察和学以致用； 3. 教师需要对学生的实训情况进行点评，对学生不理解的问题进行分析和解答

任务三　熟悉智能电视系统

熟悉智能电视系统

　　酒店客房提供高效能的电视、电话和网络服务。客人可以轻松切换直播节目，随意点播影视内容，以及享有高速的网络体验。这样的住宿体验如何？

一、智能电视系统的特点

　　智能电视系统是一种集成了智能技术的电视系统。智能电视系统通过连接互联网，具备了更多的功能和交互性，使用户可以享受到更多的娱乐和便利。智能电视系统具有以下特点。

（一）互联网连接

　　智能电视可以通过有线或无线网络连接到互联网，让用户可以访问各种在线内容和服务，如视频流媒体、在线电影、音乐、游戏、社交媒体等。用户可以直接在电视上浏览网页、使用应用程序、进行在线购物等。

（二）应用程序和应用商店

用户可以在应用商店下载和安装各种智能电视的应用程序，以满足个人需求。这些应用程序包括视频点播平台，如 Netflix、YouTube；社交媒体应用平台，如 Facebook、Twitter 以及游戏应用平台等。

（三）远程控制和投屏

智能电视通常配备智能遥控器，用户可以通过遥控器控制电视的各种功能，如切换频道、调整音量、浏览菜单等。此外，智能电视还支持投屏功能，用户可以将手机、平板电脑或电脑上的内容投射到电视屏幕上，实现共享和扩展显示。

（四）语音和手势控制

一些智能电视支持语音和手势控制功能，用户可以通过语音命令或手势操作来控制电视的各种功能。这种控制方式更加智能化和便捷，提供了更好的用户体验。

（五）智能家居集成

一些智能电视还支持智能家居集成，可以与其他智能设备进行联动，如智能音响、智能灯光、智能门锁等。用户可以通过电视控制智能家居设备，实现更加智能化和便捷的家居体验。

总的来说，智能电视通过互联网连接和支持安装丰富的应用程序，提供了更多的内容和服务，为用户提供了丰富多样的娱乐、信息和互动体验。智能电视的出现，为用户提供了更加便捷、智能和多样化的电视观看方式。

二、智能电视系统的发展历程

智能电视系统的概念最早出现在 2008 年前后。当时，随着互联网的普及和技术的发展，人们开始探索将互联网与电视结合起来，以提供更丰富的娱乐和服务。

2008 年，由于全球金融危机的影响，电视市场竞争激烈，电视制造商开始寻求新的增长点和差异化。于是，一些电视制造商开始推出了具备互联网功能的智能电视产品，以满足消费者对更多娱乐内容和便利性的需求。

随着时间的推移，智能电视系统的功能和性能不断提升。2010 年前后，智能电视系统开始普及，越来越多的电视制造商推出了自己的智能电视产品。2011 年，谷歌推出了基于 Android 操作系统的智能电视平台 Google TV，进一步推动了智能电视的发展。

从那时起，智能电视系统逐渐成为电视市场的主流产品，几乎所有的主要电视制造商都推出了自己的智能电视产品线。随着技术的不断进步，智能电视系统的功能和用户体验也得到了大幅改进，为用户提供了更多便利和娱乐选择。

三、酒店智能电视系统

酒店里的智能电视系统是指在酒店客房中安装的具备互联网功能的电视系统。这种系统可以提供更多的功能和服务，为客人提供更加便捷和个性化的住宿体验。以下是酒店智能电视系统的一些常见特点和功能。

（一）互联网连接

酒店智能电视系统可以通过有线或无线网络连接到互联网，让客人可以访问各种在线内容和服务，如视频点播、在线电影、音乐、游戏、社交媒体等。客人可以直接在电视上浏览网页、使用应用程序、进行在线购物等。

（二）酒店信息和服务

酒店智能电视系统可以提供酒店的信息和服务，如客房介绍、酒店设施、餐厅菜单、预订服务等。客人可以通过电视系统了解酒店的各种信息，并进行相应的预订和安排。

（三）在线点播和影片订购

酒店智能电视系统通常会提供在线点播功能，客人可以选择自己喜欢的影片、电视剧和音乐，随时观看和收听。一些酒店还提供影片订购服务，客人可以通过电视系统订购最新的影片和电视剧。

（四）语音和手势控制

一些酒店智能电视系统支持语音和手势控制功能，客人可以通过语音命令或手势操作来控制电视的各种功能。这种控制方式更加智能化和便捷，提供了更好的用户体验。

（五）个性化推荐和服务

酒店智能电视系统可以根据客人的偏好，提供个性化的推荐和服务。系统可以分析客人的观看记录和偏好，推荐相应的内容和服务，如推荐电影、餐厅、旅游景点等。

（六）与其他设备的联动

酒店智能电视系统可以与其他智能设备进行联动，如智能灯光、窗帘、空调等。客人可以通过电视系统控制这些设备，得到更加智能化和舒适的住宿体验。

酒店智能电视系统可以为客人提供更加便捷、个性化和智能化的住宿体验，满足客人对娱乐、信息和服务的需求。同时，智能电视系统也可以帮助酒店提高客户满意度和运营效率。

四、常见的智能电视操作系统

（一）Vizio SmartCast TV

基于 Google Android 的多媒体智能电视系统，可实现快速下载应用、支持 AirPlay 2 流媒体服务及其他云服务，可实现 4K Ultra HD 高清图象输出，是目前最流行的智能电视操作系统之一。

（二）Android TV OS

Google 推出的智能电视操作系统，支持 Android 应用和游戏，能够与 Google Home 和 Chromecast 深度整合，拥有智能语音搜索功能，非常适合用作智能家庭娱乐系统。

（三）Tizen OS

由 Samsung 主推的智能电视操作系统，具有迅捷的多媒体功能，免费视频点播服务，以及让用户访问和使用各种推荐智能家庭应用的全部历史记录功能。

（四）webOS

LG 推出的智能电视操作系统，通过内置的 Magic Motion Remote 操作面板及轻触激发技术，能够让用户自由地管理媒体内容，并通过附加的虚拟键盘键入文本。

（五）Roku OS

Roku 智能电视操作系统提供数千款应用及服务，可实现 4K 高清图像输出，拥有强大的记忆功能，可实时记录用户的观看历史和偏好。

（六）Fire OS

基于 Android 的 Amazon Fire TV 智能电视操作系统，拥有全新的用户界面，主页可从 Amazon Video 及 Netflix 以及其他各大视频应用搜索内容，可实现 4K Ultra HD 空中广播，还提供免费的电影和电视综艺节目。

任务实训

【实训项目】说一说你认识的智能电视系统有哪些，它们各自有什么功能和特点。

【实训目标】使学生了解常见的智能电视系统，熟悉智能电视系统的特点和功能。

【实训时间】1 学时。

【实训步骤】

（1）将学生进行分组，每组不超过6人。

（2）教师引导每个小组的学生根据所学知识、网上搜索的资料等信息就智能电视系统的类型、特点和功能进行讨论。

（3）讨论结束后，各小组选一名学生代表小组进行发言，其他小组点评，最后由教师点评总结。

【实训标准】

实训形式	以学生的讨论分享和教师的点评为主
角色分工	教师对此次实训进行引导和总结，每个小组各推举一名学生代表整个小组发言
实训重点	1.讨论的过程也是温故知新的过程，学生要积极参与讨论，加深对所学知识的理解； 2.学生在讨论过程中要充分利用所学知识和日常生活的所见所闻，要善于观察和学以致用； 3.教师对学生的实训情况进行点评，对学生不理解的问题进行分析和解答

项目七
住中客需服务

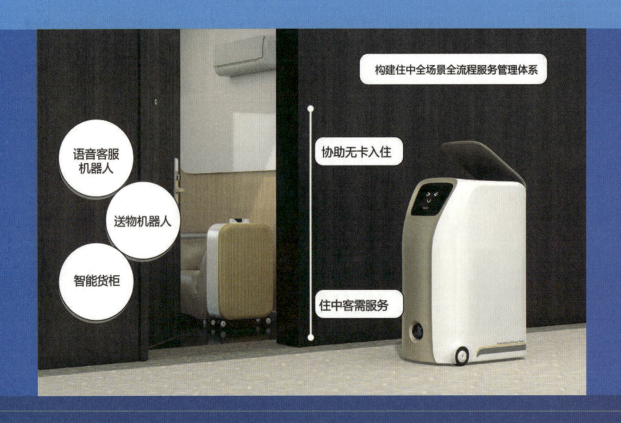

语音客服机器人

送物机器人

智能货柜

构建住中全场景全流程服务管理体系

协助无卡入住

住中客需服务

　　酒店住中服务是酒店客人体验最直接，也是印象最深刻的过程，通过住中自动化任务系统的底层信息串联，实现从客需入口到服务出口的融合统一，帮助酒店自动分发任务，形成客需直连，构建住中全场景全流程服务管理体系。同时，借助语音助手支持语音客服机器人、送物机器人和智能货柜等软硬件的自动化对接，帮助酒店节省人工成本，提高服务效率和运营管理能力，增加酒店好评率和非客房收入。

学习引导　→

完善酒店客需服务

某位客人入住一家酒店，当他进入房间后，发现自己忘记携带牙刷和牙膏，但又不想外出购买，于是他决定向酒店寻求帮助。

客人拨打酒店前台，并询问是否有牙刷和牙膏可以提供。前台员工告知客人，酒店提供免费的基本洗漱用品，包括牙刷和牙膏。客人非常高兴地接受了这个消息，并前往前台领取牙刷和牙膏。

然而，客人在领取洗漱用品时，注意到酒店提供的牙刷和牙膏只是基本款式，并没有其他品牌或款式可供选择。客人希望能有更多的选择，以满足个人偏好。

客人向前台员工表达了他的想法，员工非常理解客人的需求，并向他解释酒店目前只能提供基本款式的洗漱用品。然而，员工表示酒店会认真考虑客人的建议，并在未来考虑引入更多品牌和款式的洗漱用品供客人选择。

【点评】

上面的案例展示了客人与酒店前台员工之间良好的沟通和理解。客人在遇到需要牙刷和牙膏的情况下，通过与前台员工的沟通，得到了及时的帮助。当客人在提出自己的想法时，前台员工积极地回应了客人的建议，并表示酒店会认真考虑在未来引入更多品牌和款式的洗漱用品供客人选择。这种积极的回应能够让客人感受到自己的意见得到了重视，增强客人对酒店的满意度和忠诚度。

然而，酒店也需要在未来考虑引入更多品牌和款式的洗漱用品时，确保产品的质量和卫生标准，并且要平衡客人的个性化需求和酒店的成本控制，避免浪费。

总的来说，这个案例展示一个典型的酒店住中客需服务的过程，在这个过程中酒店员工对客人的需求和建议做到了积极回应。良好的住中客需服务有助于提升客人对酒店的满意度和忠诚度。

学习目标

知识目标

1. 了解什么是无卡入住。

2. 认识酒店住中辅助服务的含义，知道酒店的住中服务包含哪些内容。

3. 认识 OMS 系统，了解 OMS 系统在酒店中的应用。

技能目标

1. 掌握无卡入住的操作流程，会协助他人办理无卡入住。

2. 掌握提供个性化的住中辅助服务的技巧。

3.掌握酒店 OMS 系统的应用。

素养目标

1.让学生了解酒店的一些智能化服务，增强学生的理解能力。

2.通过学习常见的住中客需服务，锻炼学生的动手实践能力。

任务一　协助客户无卡入住

协助客户无卡入住

智能联网门锁的普及和应用，正在逐渐取代传统磁卡门锁，为实现无卡入住提供了可能。那么，具体如何操作来实现这一便捷功能呢？

一、认识无卡入住

（一）无卡入住的概念

无卡入住的"卡"指的是房卡。传统酒店行业的客房门都是通过刷房卡来打开的，但随着信息技术的发展和微信、支付宝等 App 的普及，住酒店也可以不用带房卡了。

无卡入住是指在酒店或其他住宿场所不需要使用传统的实体房卡或钥匙卡来登记入住的一种方式。相反，无卡入住通常使用数字化技术，例如手机应用程序或电子门锁，使客人可以通过自助方式完成入住手续。

无卡入住依托于手机上能开锁的 App、小程序等（如图 7-1 所示为微信小程序开锁的界面），以及支付平台，比如微信、支付宝。当移动设备上的应用程序拥有了房卡所具备的相关功能后，房卡也就可以被取代。例如，微信小程序开门的技术就是通过微信上面搭载的小程序平台来实现预订酒店、开房入住，再到退房的所有环节。这样客户的自由度提高了，酒店工作人员的工作量也减少了，有

图 7-1　微信小程序开锁的界面

助于提升客户的入住体验和酒店的运营效率。

具体来说，入住的客人可以直接在微信上或者是专门的 App 上操作预订酒店并进行在线支付。客人到达酒店后无须再次预订房间，也不用通过前台来进行传统的登记入住，而是通过手机应用程序或者自助终端机进行入住登记。之后酒店就会向客人发送虚拟房卡，当客人在手机上进行开锁操作或是将其他指定设备的虚拟房卡靠近门锁读取器时就能够实现开锁入住。这种方式方便快捷，可以减少排队等候时间，并提供更高的安全性和便利性。由于客人可以通过手机进行无卡入住，能够避免房卡丢失等情况的发生，同时，通过虚拟房卡、扫码等开锁入住可以减少房卡的浪费，节约资源。

（二）无卡入住的优势

选择无卡入住酒店对客人来说可以避免房卡遗失带来的不便，对酒店来说可以节约成本，并且节省人力物力，不用房卡入住具有以下一些优势。

（1）方便快捷。无须等待领取房卡，客户可以直接使用自己的手机进行入住。只要通过微信或其他相关应用程序完成预订和支付流程，客户就可以快速办理入住手续。

（2）实时互动。使用微信等相关的应用程序入住可以实现客户和酒店之间的实时互动。客户可以直接与酒店前台或客服人员沟通，询问房间信息、服务需求等，提高沟通效率和便利性。

（3）信息更安全透明。目前的许多线上支付平台，如微信、支付宝等，采用了多层次的支付安全措施，技术成熟，客户的个人信息和支付数据能够得到有效保护。同时，通过移动端线上支付，客户可以方便地查看和管理自己的支付记录和消费明细。

（4）提供个性化体验。通过无卡入住，酒店可以提供更多个性化的服务和体验。例如，客户可以通过微信小程序、酒店的 App 等直接预订餐厅、洗衣服务、叫车等，享受更加便捷和定制化的服务。

需要注意的是，在使用微信小程序、App 等进行入住时，客户可能需要提前下载相关的酒店应用程序或关注酒店的微信服务号、酒店的小程序等。同时，客户也需要确保自己的手机有足够的电量和稳定的网络连接，以便顺利完成入住手续和享受相应的服务。

二、协助客人无卡入住

（一）提前做好准备

在客人到来之前就做到确保酒店的预订、入住系统运转正常，对酒店工作人员进行相关流程的培训、简洁和实操演练，以确保工作人员熟悉整个入住过程。

（二）协助无卡入住的操作步骤

（1）确认客人入住方式。当客人到达酒店时，相关人员需要首先确认客户所选择的入住方式。询问客人是否提前预订了房间，是否选择了无卡入住。不同的入住方式意味着后续所提供的入住服务的不同，酒店应首先确认客人的入住方式，以便提供恰当的接待服务。

（2）为客人介绍无卡入住。首先询问客人是否了解无卡入住的新形式，然后根据客人的回答选择是否需要再为客人介绍无卡入住的相关情况。如果客人需要介绍，那么需要将无卡入住大体的操作过程和入住过程中客人可以享受到的新服务都介绍清楚，让客人对无卡入住整体的流程有一个清晰的了解和认知，从而在入住期间获得更好的入住体验。

（3）协助客人操作无卡入住。确认客人选择了无卡入住的方式后，酒店工作人员应在客户需要的时候要进行协助操作。包括确认客人的个人信息、引导客人下单、确认客人的订单信息、帮助客人通过微信小程序、自助终端机等进行入住办理，并向客人示范无卡入住开关客房门锁的方式，为客人介绍入住期间可以享受的服务等。

（三）无卡入住常见情况处理

（1）提供技术支持。如果客人遇到微信支付或其他技术方面的问题，酒店工作人员应该提供相关的支持和帮助，确保客人顺利完成入住流程。

（2）热情解答疑问。耐心回答客人的问题，解释无卡入住的优势和相关服务，确保客人对此有充分的了解。

（3）同步报备信息。将客人的入住信息和支付记录等进行清晰记录，以备后期查验和管理。

 任务实训

【实训项目】协助他人办理无卡入住操作／模拟实训。

【实训目标】使学生熟练掌握无卡入住的原理和操作流程，并且能够协助他人进行无卡入住。

【实训时间】2 学时。

【实训步骤】

（1）教师预先联系好附近能够支持无卡入住的酒店，或者是准备好能够提供学生进行无卡入住模拟的场景。

（2）学生 2 人为一组进行角色扮演，一人扮演的工作人员，另一人扮演客人，酒店员工需要协助客人顺利完成无卡入住办理的整个流程。

（3）然后学生进行角色互换，再完成一次步骤（2）的实训内容。

（4）教师参与过程指导，最后根据学生操作过程中存在的问题进行点评。

【实训标准】

实训形式	以学生实训操作和教师的指导点评为主
角色分工	教师作为引导者负责实训的过程指导，学生分别角色扮演酒店工作人员和散客
实训重点	1.学生要将自己代入到角色中，在实训过程中要注意牢记自己的职责； 2.学生在实训过程中遇到不懂的步骤要及时请教教师； 3.教师需要就本次实践进行总体的点评和总结； 4.实训结束后，作为"客人"的学生可以就"酒店员工"的服务情况给予点评，并提出相关建议

任务二　提供住中辅助服务

提供住中辅助服务

客房产品是酒店经营中的核心产品。随着现代酒店业的发展，客人在入住酒店的过程中享受到的服务有什么变化呢？

一、认识住中服务

（一）住中服务

酒店的住中服务是指酒店为客人在入住期间提供的各种服务和支持，旨在满足客人的需求，提供舒适和愉悦的入住体验。以下是一些常见的酒店住中服务。

1. 一键连 Wi-Fi

酒店通常会提供免费 Wi-Fi。传统的方式是客人需要询问酒店工作人员具体的用户名和密码，然后搜索到相应 Wi-Fi，输入密码连接。现在的智能酒店提供了更加方便快捷的一键连 Wi-Fi，使用酒店小程序或者 App，进入相应区域点击 Wi-Fi 图标或者"秒连 Wi-Fi"即可自动连接酒店网络，如图 7-2 所示。

图 7-2　小程序自动连 Wi-Fi

2. 物需商城

酒店的物需商城通常会提供一些客人临时需要的易耗品、零食等。在小程序上点击"物需商城"即可进行商品挑选采购，"物需商城"一般位于酒店一楼等显眼的地方。客人购买物品之后会有酒店工作人员亲自送货上门，当然，客人也可以选择自取。比如客人在住店过程中需要再加一套洗漱用品，或者客人需要一些零食而附近没有超市时，就可以通过酒店的"物需商城"（图7-3）来购物。

图7-3 物需商城

物需商城既包含常见的零食，如瓜子、泡面、辣条、饮料等，又包含一些酒店的易耗品，如一次性的拖鞋、洗漱用品等。

如果是大型酒店的物需商城，甚至会包含一些酒店的特色产品。比如许多酒店的餐饮部会聘请一些手艺绝佳的星级厨师，为酒店做一些招牌的食品，如招牌的甜点，某些菜品等。如果将这些招牌的食品加入物需商城，慕名而来的人就可以通过小程序或者 App 上的物需商城查看并消费这些产品，这也是一种营销的手段。

再比如酒店的床上用品，如果品质不错，客人满意度极高，也可以加入物需商城，有需要的客人就可以自行购买。

3. 客房服务

客房服务是酒店中最常见的住中服务之一。酒店员工会定期清洁客房，包括打扫卫生、更换床单和毛巾等，并确保客房整洁有序。此外，客房服务还包括提供洗漱用品、茶水和咖啡等补给物品，以满足客人的日常需求。

比如，客人在住店过程中发现客房某些地方需要再次清洁，就可以点击"客房服务"，选择服务项目为"清洁"，并选择清洁时间，点击提交，就会有酒店工作人员在约定的时间上门清洁客房，如图7-4所示。

图 7-4　客房清洁服务

4. 发票预约

如果客人需要对此次消费的订单进行开票，可以点击"预约开票"，选择开票方式、开票金额，按要求填写电子邮箱，发票抬头和税号，如果有特殊事项可以填在备注里，然后点击提交即可。预约开票的操作如图7-5所示。

5. 餐券核销

酒店一般提供早餐服务，入住后获得对应数量的早餐券，次日进入餐厅将对餐券进行核销，核销后方可享用早餐，如图7-6所示。

图 7-5　预约开票

图 7-6　餐券核销

6. 自助续房

　　传统的续房需要客人亲自前往酒店前台进行操作，而自助续房是客人使用酒店的小程序或者 App，点击主页的"续房"，按指示填好相关信息即可完成续房操作，如图 7-7 所示。

图 7-7　自助续房

7. 自助退房

与自助续房的操作类似，自助退房的流程是点击"退房"，按指示完成相关操作即可，如图 7-8 所示。

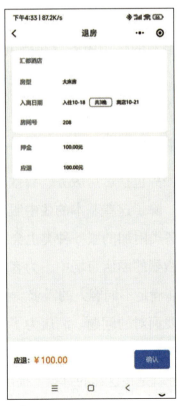

图 7-8　自助退房

8. 自助添加入住人

如图 7-9 所示，当有一位客人定了某家酒店的豪华双床房，他想再邀请家人或者朋友来住这个房间时，就可以选择自助添加入住人的操作。自助添加入住人也叫自助邀请住客，直接点击"邀请住客"，按照指示填好相关信息即可。

图 7-9　邀请住客

总的来说，酒店的住中服务旨在提供各种便利和舒适的体验，满足客人的需求和期望。不同酒店在星级、品牌和设施等方面可能会有所差异，但这些服务都旨在为客人提供一个愉快和令人难忘的入住体验。

（二）住中辅助服务

酒店的住中服务包括客房服务、餐饮服务和礼宾服务等，这些服务在不同酒店的品质和水平也有所差异。除了这些基本的住中服务，酒店还提供各种附加服务，并且根据酒店的不同星级和价格，各类附加的服务种类也会有所不同。

在如今竞争激烈的酒店市场中，为客人提供了丰富的选择，无论是高端奢华还是中低端实惠的酒店，都能满足不同客人的需求。如何让酒店更具特色和吸引力，以提供更好的服务，成为每个酒店都要面对的问题。酒店为了做出差异化竞争，打造品牌形象，增加吸引力，为客人提供更好的服务，不仅需要在硬件设施上不断提升，还需要在软件服务上精益求精。

住中辅助服务就是在这样的背景下提出的。它不仅要满足客人基本的入住需求，还要关注客人在入住期间的多样化和个性化需求，为客人营造一种身心舒适、宾至如归的住宿体验。

二、人性化的住中辅助服务

（一）线上商城

线上商城（图 7-10）是一种通过互联网提供商品和服务购买的电子商务平台，它是一种虚拟的商店，允许消费者通过在线渠道浏览和购买各种商品，而无须亲自前往实体店面。它以其便利性、多样性、比较性、便宜性和安全性等特点受到消费者的青睐。

线上商城的便利性体现在消费者可以随时随地通过电脑、手机等设备访问，无须亲自前往实体店面。而且，在线商城通常拥有大量的商品和服务供消费者选择，涵盖各个品类和行业，消费者可以在一个平台上找到所需的各种商品。此外，在线商城提供了商品和价格的透明度，消费者可以方便地对比不同商家和产品之间的差异，找到最适合自己的选择。在线商城通常直接与供应商进行合作，减少了中间环节，因此可以提供更有竞争性的价格和促销优惠。同时，消费者也可以通过在线商城参与各种促销活动和折扣。在线商城通常提供安全的支付方式，如支付宝、信用卡等，保障消费者的交易安全。同时，消费者还可以查看其他用户的评价和评级，增加对该平台购物的信任感。

图 7-10　线上商城

线上商城通常包含："商品分类和列表""用户账户和会员特权""购物车和结算""订单管理和物流追踪""评价和评论系统""售后服务和退款政策""客户支持和帮助中心"等构成部分。

"商品分类和列表"里面各类信息应该清晰明了，使消费者能够轻松地浏览和搜索到所需商品。"用户账户和会员特权"功能允许用户创建个人账户并管理个人信息、收货地址、支付方式等，提供个性化的服务和方便的购物体验。"购物车和结算"功能使用户能够将感兴趣的商品添加到购物车中，并在确认购买时进行结算。"订单管理和物流追踪"功能允许用户查看历史订单、订单状态和物流信息，方便跟踪购买记录和包裹运输状态。"评价和评论系统"允许用户对购买的商品进行评价和分享使用体验，提供给其他用户参考和决策依据。"售后服务和退款政策"明确规定了用户在遇到问题时能够得到及时的解决和退款。"客户支持和帮助中心"提供了在线聊天、电话、电子邮件等方式的客户支持渠道，以及帮助中心和常见问题解答，方便用户得到及时的帮助和解答。

线上商城的优点包括：24 小时全天候开放、无地域限制、方便快捷等，消费者可以随时随地购买所需商品；同时，商家也可以通过线上商城拓展销售渠道、扩大市场覆盖范围，降低运营成本等。

线上商城的发展已经改变了人们的购物方式，成为越来越多消费者喜爱的购物渠道之一。

（二）酒店＋线上商城

通过线上平台订酒店在如今并不鲜见，但在入住酒店的时候能够通过酒店的线上商城购物则仍是一件"时髦"的事。当酒店在为客人提供的入住服务中整合了线上商城，一方面能够更加方便地满足顾客的需求；另一方面也能进一步提高酒店的营业收入和市场影响力。酒店的线上商城如图 7-11 所示。

图 7-11　酒店的线上商城

酒店拥有自己的线上商城可以带来以下好处。

（1）附加价值服务。酒店可以通过线上商城提供一系列附加的价值服务，例如，客房升级、机场接送、餐饮预订、SPA 服务等。这样可以让客人在入住酒店的同时，方便地选择其他服务，提升客人的满意度和入住体验。

（2）收入增长。线上商城可以为酒店带来额外的收入渠道。通过销售一些具有特色的商品或者与酒店相关的产品，如酒店精选商品、纪念品、限量版产品等，增加酒店的收入来源。

（3）提升品牌形象。通过线上商城，酒店可以展示自己的品牌形象和风格，让更多的用户了解和认识酒店。同时，通过提供高品质和独特的商品，可以建立酒店的品牌价值和良好的口碑效应。

（4）用户留存和忠诚度。通过线上商城，酒店可以与客人保持持续的联系和互动。客人在购买商品或者预订服务时，需要登录或注册账号，这可以使酒店获得客人的联系方式并进行后续市场营销和推广活动，从而增强用户的留存率和忠诚度。

（5）数据收集和分析。通过线上商城，酒店可以收集和分析大量的用户数据，包括购买行为、偏好、消费习惯等。这些数据可以帮助酒店深入了解客户需求和市场趋势，进一步优化产品策略和市场定位。

总的来说，酒店拥有线上商城可以为客人提供更多的选择和便利，不仅可以增加酒店的收入来源，提升品牌形象和客户忠诚度，为酒店提供了数据分析的基础，有助于促进酒店的持续发展和服务质量的不断改善。

（三）机器人的应用

机器人的发展源远流长，其中有一些不可忽视的里程碑事件，每一次都给机器人的发展进程带来了重大的飞跃。

（1）1950年，美国科幻小说家艾萨克·阿西莫夫在他的科幻小说中首次提出了机器人学三定律，这奠定了机器人伦理和行为规范的基础。

（2）1961年，美国麻省理工学院的李奥·扎德金开发了Shakey，这是一台具有移动能力和感知能力的机器人，被认为是第一个具有人工智能的机器人。

（3）1969年，美国斯坦福研究所的维克托·舍恩贝赫发明了PUMA（Programmable Universal Machine for Assembly），这是第一台商用工业机器人，被广泛应用于制造业。

（4）1973年，日本早稻田大学研发的WABOT-1成为世界上第一台全面拟人化机器人，具备肢体控制、视觉和对话功能。

（5）1997年，国际象棋计算机程序Deep Blue击败了国际象棋世界冠军加里·卡斯帕罗夫，这一事件标志着人工智能机器人在特定领域超越了人类智慧。

每个里程碑都代表了当时机器人技术的进步和创新。自那以后，机器人在多个领域取得了显著的发展，并得到了广泛的应用。

（1）工业制造。机器人在工业制造中扮演着重要的角色。它们可以完成重复性、高精度和繁重的任务，提高生产效率和质量。例如，装配线上的机器人可以完成零件组装和焊接任务。

（2）物流和仓储。机器人在物流和仓储领域可以帮助提高运输和仓储效率。例如，自动导航机器人可以搬运货物，无人机可以进行快递和库存管理，AGV（自动导引车）可以在仓库内移动货物。

（3）医疗和护理。机器人在医疗和护理领域发挥着越来越重要的作用。它们可以用于手术、病房护理、康复训练和辅助生活等方面。例如：手术机器人可以利用微创技术辅助医生进行复杂手术；护理机器人则可以提供基础护理服务，如监测病人的生命体征和日常活动。

（4）农业和食品生产。机器人在农业和食品生产中帮助提高生产效率和质量。例如：农业机器人可以用于种植、喷洒农药和采摘等任务；食品加工机器人可以完成食品的切割和包装。

（5）教育和娱乐。机器人在教育和娱乐领域有着越来越多的应用。它们可以作为教学辅助工具，帮助儿童学习编程、外语等知识。同时，机器人还可以用于娱乐活动，例如，机器人表演、陪伴和互动。

（6）客户服务和酒店业。机器人在客户服务和酒店业中被广泛应用。例如，机器人可以用于接待和引导客人、提供信息和服务，提高客户体验。在酒店中，机器人可以提供客房服务、送餐和清洁等任务。

（7）安防和监控。机器人在安防和监控领域可以提供额外的帮助。例如，无人巡逻机器人可以监测和报警不安全环境，智能摄像头可以进行人脸识别和行为分析。

随着技术的不断发展，机器人在更多领域的应用也在逐渐扩展。

（四）机器人送物

酒店机器人送物是一种越来越普遍的机器人应用，可以提供快速、准确、高效的客房服务。

《 1. 酒店机器人送物的工作模式

（1）接收订单。酒店前台或客人可以通过酒店应用程序或其他方式下达送物订单，包括购买洗漱用品、毛巾、饮品等。

（2）自动取货。机器人会根据订单的要求，自动前往指定的存放物品的位置，例如酒店的储藏室或仓库。

（3）进行配送。机器人将物品放置在设有密码或特定识别技术的专用配送车中，确保物品安全无误。然后，机器人通过提前设置好的导航系统到达指定客房。

（4）送物服务。机器人到达客房后，会通过声音、屏幕或灯光等方式通知客人物品已送达。客人可以使用设备上的屏幕、按钮或应用程序等进行确认接收和评价。

《 2. 酒店机器人送物的优势

（1）提高效率。机器人可以准确高效地完成送物任务，减少人力资源对于繁忙的酒店业务的依赖。这样可以节省员工的时间和精力，使他们能够专注于其他更复杂的任务。

（2）提升客户体验。机器人送物提供了一种新颖而现代化的服务体验，让客人可以通过机器人的技术和特色，感受到酒店的创新精神和对客户需求的关注。

（3）降低成本。尽管酒店机器人投资和维护成本较高，但考虑到长期效益和替代传统的人力配送服务，机器人在一定程度上可以降低成本。此外，机器人的工作时间灵活，可以提供全天候服务。

（4）增加安全性。机器人送物可以减少人为错误和遗漏，从而提高送物的准确性和安全性。机器人配备了各种传感器和技术，可以识别障碍物并避免碰撞。

需要注意的是，尽管酒店机器人送物在提供便利和现代化的服务方面有很多优势，但酒店仍然需要合适的人力资源来处理其他方面的工作，如与客户互动、解决问题和客户的特殊需求等。

任务实训

【实训项目】说一说以往在住酒店的过程中体验过的住中服务。

【实训目标】让学生了解什么是酒店住中服务，并且熟练掌握人性化的住中服务有哪些特点和重要意义。

【实训时间】2学时。

【实训步骤】

（1）将学生进行分组，每组不超过6人。

（2）教师引导每个小组的学生根据所学知识、网上搜索的资料、个人日常的经验等信息就酒店的住中服务展开讨论，分析住中服务的种类、特点和作用。

（3）讨论结束后，各小组选一名学生代表小组进行发言，其他小组点评，最后由教师点评总结。

【实训标准】

实训形式	以学生的讨论分享和教师的点评为主
角色分工	教师对此次实训进行引导和总结，每个小组各推举一名学生代表整个小组发言
实训重点	1.讨论的过程也是温故知新的过程，学生要积极参与讨论，加深对所学知识的理解； 2.学生在讨论的过程中要充分利用所学知识和日常生活的所见所闻，要善于观察和学以致用

任务三　运用OMS系统管理酒店

酒店管理系统已在业内得到了广泛应用，酒店服务的各个方面也在逐步实现信息化。这种转型不仅提高了运营效率，还增强了客户体验。大家了解过酒店服务系统吗？

一、认识 OMS 系统

OMS 是"Order Management System"的缩写，译为订单管理系统，是一种用于管理、跟踪和执行订单流程的软件系统。OMS 系统可以帮助企业有效管理从订单接收到订单履行和交付的整个过程。

OMS 系统通常包含以下几个功能。

（一）订单处理

OMS 系统能够自动接收和处理订单。它可以将订单信息进行录入、验证、更新和确认。系统还能够跟踪订单的状态，例如已付款、待处理、正在配送等，并确保订单数据的准确性和完整性。

（二）库存管理

OMS 系统与企业的库存管理系统进行集成，可以实时监控产品的库存情况，以确保订单的可执行性。它能够跟踪库存的数量、位置和状态，并在订单生成时及时更新库存信息。

（三）订单跟踪与配送管理

OMS 系统能够跟踪订单的整个交付过程，并向客户提供实时的订单状态更新。它可以生成运输标签、跟踪号码，并与物流供应商进行集成，以实现订单的及时配送。

（四）数据分析与报告

OMS 系统能够收集、分析和报告订单数据，帮助企业了解订单趋势、客户行为和销售绩效等关键指标。基于这些数据，企业可以进行销售预测、库存规划和市场定位等决策。

（五）客户服务支持

OMS 系统能够整合客户数据和订单历史，用于客户服务和支持。企业可以查询订单信息、处理退换货请求，并为客户提供准确的订单信息和解决方案。

OMS 系统的实施可以帮助企业实现订单流程的自动化和优化，提高订单处理的效率和准确性，增强客户满意度，促进供应链的协同和协调。酒店业可以利用 OMS 系统来管理客房预订和订单流程，提供优质的预订体验和服务。

二、OMS 系统在酒店的运用

技术的更新往往意味着生产力的发展，在科学技术进步的同时也给我们带来更加方便、快捷的生活。OMS 系统应用在酒店管理上，不仅能让酒店的管理流程更加的清晰、明了，还能够改善酒店预订和订单管理的效率和准确性。

（一）预订管理

OMS 系统可以集成酒店的在线预订平台，自动接收、处理和确认客人的预订请求。它可以检查客房的可用性、价格和限制条件，并即时更新房态信息。

（二）订单追踪与管理

OMS 系统可以跟踪客房预订订单的整个流程，包括预订确认、客房准备、客房服务和结算等环节。系统可以实时更新订单状态，如已确认、已入住、已退房等，并提供订单状态查询给客人。酒店可以通过系统协调各个部门的配合，确保客人的需求得到满足，并提供优质的客房服务。

（三）在线支付与结算

OMS 系统可以与在线支付系统集成，支持客人通过信用卡、支付宝、微信支付等方式进行在线支付。客人可以在预订过程中选择支付方式，并通过系统完成支付。系统会即时更新订单状态，标记为已付款，并发送支付确认给客人。同时，系统还可以生成客人账单、自动结算和发送电子发票，简化酒店的财务管理流程。

（四）途径管理

对于酒店的预订渠道，OMS 系统可以集成各种在线旅游平台，如 Booking.com、Expedia 等，集中管理酒店在不同渠道上的房态、价格和可订性，避免因信息不一致而导致的预订错误和冲突。

（五）数据分析与报告

OMS 系统可以提供酒店预订和订单数据的分析和报告功能。酒店管理者可以根据这些数据进行市场分析、销售预测和库存规划等决策，以优化酒店经营和销售策略。

（六）客户关系管理

OMS 系统可以整合客户数据和订单历史，帮助酒店了解客户的需求和行为，这有助于建立个性化的客户关系管理，提供更好的客户服务和体验。

通过应用 OMS 系统，酒店可以实现客房预订流程的自动化和优化，提高客房预订的效率和准确性，增加客人的满意度和忠诚度，提升酒店的运营效益和竞争力。同时，OMS 系统还可以提供数据分析和报告功能，帮助酒店了解客房预订趋势、客人偏好和销售绩效等关键指标，为酒店的决策提供支持。

 任务实训

【实训项目】请说一说酒店 OMS 系统是什么？它有哪些功能。

【实训目标】让学生掌握 OMS 系统的定义和基本原理，了解 OMS 系统的常见功能。

【实训时间】1 学时。

【实训步骤】

（1）将学生进行分组，每组不超过 6 人。

（2）教师引导每个小组的学生根据所学知识、网上搜索的资料等信息就 OMS 系统的定义和功能进行讨论。

（3）讨论结束后，各小组选一名学生代表小组进行发言，其他小组点评，最后由教师点评总结。

【实训标准】

实训形式	以学生的讨论分享和教师的点评为主
角色分工	教师对此次实训进行引导和总结，每个小组各推举一名学生代表整个小组发言
实训重点	1.讨论的过程也是温故知新的过程，学生要积极参与讨论，加深对所学知识的理解； 2.学生在讨论过程中要充分利用所学知识和日常生活的所见所闻，要善于观察和学以致用

项目八
酒店智能安防

安防管理

通过在关键入口处人脸抓拍进行身份比对，系统后台会对未登记人员进行自动报警提示，可有效管理酒店区域陌生访客，满足公安机关一人一证的监管要求。

　　酒店信息化建设包含了酒店安防系统建设。酒店安防系统是以酒店建筑为载体，为保障酒店人、财、物等方面安全而构建的一套综合性的技术防御系统，其核心价值在于"安全防范"，是属于酒店信息化系统中的一个子系统。传统安防指采用视频监控技术，将酒店重点区域进行监控、录像。智能化阶段指将报警、门禁、监控、客控、一卡通、梯控等系统都融入酒店建设中，打造酒店内部智能化安防系统。

男子酒后拿走"万能房卡" 深夜连开10门闯入女子屋中

2023年9月8日凌晨，睡梦中的李女士（化名）被开门的声音吵醒。她睁开眼睛看到，一个陌生的男子走进了房间。

李女士介绍，9月8日凌晨3点多，在家中睡觉的她忽然听到开门的声音。李女士有些奇怪，房间是刷卡进入的，除了自己身上的门卡能开之外，就只有宿管员身上的总卡可以打开。不一会儿，一名高大的男子进入房间，李女士吓得大叫。该男子走出房后，李女士报了警。

李女士报警之后才知道房间被开的不止她一家。

"通过视频，我看他一直在刷住在他房间边上的女孩子的房门。刷了几次没有刷开之后，才又去刷别的房门。"李女士说。

记者从该公寓管理人员那里了解到，9月7日晚，当事男子发微信给管理人员称当天没有带卡，需要拿总卡开门。管理人员当时询问了该男子何时回来。该男子称12点左右。可是时至凌晨3点多，监控录像却让我们看到匪夷所思的一幕。视频显示该男子走楼梯上了楼，从5楼开始一直到7楼，他用总卡共开了10间房，其中个别房间没有打开。打开房门后，有的他打开就关上，有的则是探头进去，还有的则是走进去之后就马上出来了。所幸，他并没有进一步行为。

之后记者又了解到，该男子在派出所称，事发时他喝了不少酒，之所以打开他人房门是为了好玩，也是好奇这张总卡是否真的可以打开所有房间。[①]

【点评】

这起事件突显了该公寓管理方在安全措施和监控系统方面的不足。

首先，监控系统应该能够及时发现异常行为；其次，对于智能门禁系统，公寓管理方应该采取更加严格的控制措施；最后，公寓管理方应该考虑引入更加智能化的安防设备，例如，人脸识别门禁系统、智能监控摄像头等。

这起事件也给众多酒店敲响了醒钟，为确保客人的住宿安全，酒店需要加强对安防设备和监控系统的管理和更新，以提高安全性和保护租客的隐私和安全。同时，智能安防设备的引入和应用也可以有效预防类似事件的发生，从而保障租客的安全。

---

① 案例来源：百度网，《男子酒店拿走"万能房卡" 深夜连开10门闯入女子屋中》，https://baijiahao.baidu.com/s?id=1611279355130311835&wfr=spider&for=pc，2018年9月11日，有改动。

学习目标

知识目标

1. 认识智能门禁系统，了解智能门禁系统的特点和优势。

2. 了解酒店安防系统的构成及功能。

3. 了解酒店智能停车场的结构、特点及功能。

4. 认识酒店的智能化安防联动。

技能目标

1. 掌握智能门禁系统的应用场景。

2. 掌握酒店智能安防系统的层次设防，学会使用酒店的智能监控系统。

3. 掌握酒店智能化安防联动的策略。

素养目标

1. 让学生了解酒店智能安防系统的重要性，增强学生的安防意识。

2. 增强学生对常见的安防系统的理解，使学生养成善于观察、注重细节的好习惯。

任务一　认识智能门禁管理系统

认识智能门禁
管理系统

传统酒店通过前台登记和发放门卡构成了旅客身份甄别的安全屏障，智慧酒店则通过以智能门锁为载体的智能门禁管理系统构建酒店的安全屏障，大家了解智能门禁吗？

一、智能门禁系统

门禁系统，又称出入口控制系统，是一种基于先进技术的安全管理系统，是一种可以控制人员、物品进出相关场所的智能控制系统。常见的门禁系统有使用密码认证通行的门禁系统，使用非接触的 IC 卡认证的门禁系统，使用指纹、虹膜、掌型、手指静脉等生物识别门禁系统等，门禁系统的功能包括安全准入控制、记录出入记录和监控门禁区域等。

智能门禁系统是一种基于先进技术（如人脸识别、指纹识别、密码识别等）的安全管理系统，用于控制和管理建筑物（如住宅、办公楼、学校等）的出入口。智能门禁系统使人们的安全性得到了极大提升。通过生物识别技术，如人脸识别、指纹识别等，可以准确识别用户身份，防止非法进入。当系统检测到陌生面孔时，还可以通过手机系统发送提醒信息，及时警示管理员。

智能门禁系统还具有灵活的权限设置功能。管理员可以对每个通道设置特定的进出权限，以控制不同人员的出入。此外，系统还可以对进出通道的人员进行进出方式的授权，如指纹开锁、IC 卡开锁等。

智能门禁系统还具有便捷的操作方式。用户可以使用手机 App 进行远程开锁，无须携带钥匙或密码。例如，在家中时，用户可以通过手机 App 远程开锁，无须离开舒适的环境。

智能门禁系统通过先进的技术和功能，提高了门禁管理的安全性和便捷性，为用户带来更好的使用体验。

二、智能门禁管理系统设计的原则

（一）系统的实用性和便捷性

智能门禁管理系统应根据酒店管理的实际需求设计，注重系统的实用性，既不能片面地追求系统的超前性，华而不实；又不能为了缩减成本而忽略一些关键细节的设计。为了确保实用性，系统的前端产品和软件应具备良好的可学习性和可操作性，以便酒店管理人员能够轻松掌握系统的操作要领并完成值班任务。同时，系统的功能应该能够满足酒店的不同需求，如员工进出管理、客房门禁管理、会议室门禁管理等。需要注意的是，酒店管理人员在操作过程中可能存在电脑知识水平参差不齐的情况，这就需要我们的软件具备通俗易懂的直观可操作性，使那些即使只具备电脑初级操作水平的酒店管理人员，也能通过简单的培训掌握系统的操作要领，达到能完成值班任务的操作水平。

（二）系统的稳定性

门禁系统是一项长期不间断工作的系统，因此系统的稳定性至关重要。设计门禁系统时应选择有五年以上市场成功应用经验的、拥有广泛的客户群并与众多工程商建立合作关系的产品。此外，产品应配备完善的客户服务体系。门禁系统的硬件和软件应具有高可靠性和稳定性，能够在长时间的运行中保持高效稳定的工作状态。

（三）系统的安全性

门禁系统中的设备和配件应在性能安全可靠的同时，还应该符合我国或国际上的安全标准，并能在各种非理想的环境条件下有效工作。系统还应具备强大的实时监控功能和联动报警功能，确保使用者环境的安全性。同时，系统应该具有防止非法入侵、破坏和窃取等安全功能，确保酒店的安全和稳定运行。

（四）系统的可扩展性

智能门禁管理系统技术在不断发展，用户的需求也随着时代的变化而变化，因此智能门禁管理系统在设计与实施过程中应考虑未来可扩展的实际需要，可灵活增减或更新各个子系统，满足不同时期的需要，保持长时间领先地位，成为智能建筑的典范。

因此，在进行系统设计时，应该对需要实现的功能进行合理配置，并且确保这种配置是可以改变的，甚至在工程完成后，这种配置的改变也是可能的。系统软件可以根据不同历史时期的市场需求进行相应的升级和完善，并可以随时为相应的应用客户进行软件升级。

（五）系统的可维护性

门禁系统的维护应尽量简单易行。应保证系统能够在开电即可工作的状态下运行，并且维护过程中不需要过多专用工具。系统的配置和设备的维护都应考虑到系统的可靠性，并实施相应的认证。即使出现问题，系统也应保证数据的方便保存和快速恢复，并能够紧急打开通道。整个系统的维护应是在线式的，不会因为部分设备的维护而影响其他设备的正常运行。同时，系统应提供完善的技术支持和售后服务，确保系统的长期稳定运行。

三、智能门禁管理系统建设方案

智能门禁管理系统方案基于门禁管理平台和手机 App 软件技术。它采用智能手机结合电子钥匙的智能门锁技术，取代传统的机械钥匙和刷卡技术。该技术解决方案包括统一部署门禁管理平台和手机 App 用户端软件开发，实现手机 App 远程开门、手机蓝牙开门、电子钥匙开门等多种方式，并实现数据的上传和管控。

在有网络的情况下，用户可以使用手机 App 进行远程开门。智能电控锁与门禁的开关接口相连，通过网络连接门禁管理服务器。维护人员需要安装门禁管理中心授权的 App，并通过 4G 或 5G 网络与门禁管理中心进行通信。维护人员可以通过门禁管理中心后台和手机 App 下达开锁指令实现开门，并将数据上传至管理平台。

在断网的情况下，用户可以使用手机 App 的蓝牙功能进行开门。当网络不可用时，用户可以通过手机 App 蓝牙与门锁蓝牙通信来实现开门，并将数据上传至管理平台。

该系统采用预鉴权模式，对门禁开启操作权限进行管理。用户需要进行多重鉴权，包括 App 用户名和密码鉴权、App 手机号和物理 ID 鉴权、门锁物理 ID 鉴权等。这种方式解决了传统门禁系统存在的问题，如钥匙容易复制、难以管理、借还钥匙手续繁杂、管理成本高、信息不准确、工作效率低等问题，这样既提高了安全性，也合理地降低了成本。

四、智能门禁管理系统的优势

智能门禁管理系统相较传统门禁管理系统有以下几方面的优势。

（一）提高安全性

智能门禁管理系统采用了先进的身份验证技术，如指纹识别、人脸识别或密码输入等，相较于传统的钥匙或门卡，更难以被冒用或复制，这样可以确保只有授权人员能够进入特定区域，能有效防止非法进入，提高了安全性。

（二）方便管理

传统的门禁系统通常需要刷卡或使用钥匙，门卡和钥匙容易丢失或受损。而智能门禁管理系统可以集中管理和控制多个门禁点，无须人工操作。管理员可以通过电脑或手机等设备远程管理和监控门禁系统，如添加或删除用户、设定权限、查看日志记录等，这样大大简化了门禁管理的工作流程，提高了管理效率。

（三）实时监控和报警

智能门禁管理系统可以通过手机应用或网络访问远程控制门禁设备，实时监控门禁点的出入情况，并记录相关的日志信息。如果发生异常情况，系统可以立即发出报警，提醒管理员采取相应的措施，这样可以及时应对潜在的安全风险，保护人员和财产的安全。

（四）数据分析和报告

智能门禁管理系统可以收集和分析大量的数据，如出入记录、人员轨迹等。管理员可以通过系统生成详细的报告和分析结果，了解人员出入情况、工作时间等信息。这些数据可以用于后续的安全审计和分析，这样可以帮助企业或机构更好地管理人员和资源，提高工作效率和运营效益。

（五）灵活性和可扩展性

智能门禁管理系统可以根据实际需求进行定制和扩展。可以根据不同的场景和要求，选择适合的身份验证方式、门禁设备等。同时，系统还可以与其他安全系统集成，如视频监控、报警系统等，形成一个完整的安全解决方案。

综上所述，智能门禁管理系统相较传统的门禁方式具有更高的安全性、更便捷的管理、实时监控和报警功能、数据分析和报告等优势，这些优势可以帮助企业、机构或社区提升安全性和管理效率，实现更智能化和便捷化的门禁管理。

任务实训

【实训项目】说一说你身边哪些地方会使用智能门禁系统。

【实训目标】使学生熟练掌握智能门禁系统的定义，了解智能门禁系统的优势是什么。

【实训时间】1学时。

【实训步骤】

（1）将学生进行分组，每组不超过6人。

（2）教师引导每个小组的学生根据所学知识、网上搜索的资料等信息就智能门禁系统的定义和功能进行讨论。

（3）讨论结束后，各小组选一名学生代表小组进行发言，其他小组点评，最后由教师点评总结。

【实训标准】

实训形式	以学生的讨论分享和教师的点评为主
角色分工	教师对此次实训进行引导和总结，每个小组各推举一名学生代表整个小组发言
实训重点	1.讨论的过程也是温故知新的过程，学生要积极参与讨论，加深对所学知识的理解； 2.学生在讨论过程中要充分利用所学知识和日常生活的所见所闻，要善于观察和学以致用

任务二　学习安防系统原理

学习安防系统
原理

　　酒店智能安防系统一直在不断发展和探索的过程中，大家对酒店安防建设有什么看法呢？

一、什么是安防系统

　　安防系统是安全防范系统的简称，是为了维护社会公共安全而采取的一系列措施，其目的是防止入侵、盗窃、破坏、火灾、暴力等而进行的安全检查。为了实现这些目标，安全防范系统采用了以电子技术、传感器技术和计算机技术为基础的安全防范技术设备，并将它们组合成一个系统。这些安全防范技术正在逐步发展成为一门专门的学科。

　　安全防范系统一般由三个主要部分组成，即物防、技防和人防。

　　（1）物防。物防也称为物理防范或实体防范，由能够保护防护目标的物理设施组成，例如，防盗门、窗户、保险柜等。物防的主要作用是阻止和延迟罪犯的作案行为，其效果通常通过延长犯罪时间来衡量。

　　（2）技防。技防也称为技术防范，由探测、识别、报警、信息传输、控制和显示等技术设备组成。技防的主要功能是发现罪犯，迅速将相关信息传送到指定地点。这些技术设备可以通过监测器件、摄像头、传感器等来实现。

　　（3）人防。人防也称为人力防范，是指能够迅速到达现场处理警情的保安人员或公安人员。他们负责监视和巡逻特定区域，及时发现异常情况，并采取必要的行动来处理。

　　安全防范系统的有效性取决于物防、技防和人防的有机结合；只有这三部分的紧密配合，才能实现对安全威胁的全面预防和控制。因此，在设计和部署安全防范系统时，必须充分考虑并合理配置这三个方面的资源和设备，确保整个系统的协同作用。这将提高安全防范的效果，降低安全风险，并保护人员和财产的安全。

二、安防系统的组成

安防系统是一种综合性的安全管理系统，主要包括视频监控系统、防盗报警系统、楼宇对讲系统、车辆管理系统、周界报警系统、电子巡更系统、一卡通门禁系统、智能门锁系统、防火系统、综合管理系统等多个组成部分。

（一）视频监控系统

视频监控系统是安防系统的核心之一，通过安装在关键位置的摄像机和监控设备，实时监视目标区域，并将监控画面传输到监控中心。监控系统能够及时发现异常情况，帮助安全人员快速做出反应。

（二）防盗报警系统

防盗报警系统用于监测和报警未经许可的人员进入受保护区域。通过安装门窗磁感应器、红外线探测器、震动传感器等设备，防盗报警系统可以在检测到异常情况时发出警报，并通知相关人员进行处理。

（三）楼宇对讲系统

楼宇对讲系统用于实现楼宇内部的通信和对讲功能。通过安装对讲设备和扩音器等设备，楼宇对讲系统可以实现楼宇内部的通话、广播和紧急呼叫等功能，提高楼宇内部的沟通效率和安全性。

（四）车辆管理系统

车辆管理系统用于管理和监控停车场内的车辆。通过安装车辆识别设备、车牌识别系统和停车场管理软件等设备，车辆管理系统可以实现车辆进出的自动识别和记录，提高停车场的管理效率和安全性。

（五）周界报警系统

周界报警系统用于监测和报警周边区域的异常情况。通过安装红外线探测器、微波探测器和震动传感器等设备，周界报警系统可以及时发现入侵行为，并发出警报，提高周边区域的安全性。

（六）电子巡更系统

电子巡更系统用于管理和监控巡更人员的工作情况。通过安装巡更设备和巡更管理软件等设备，电子巡更系统可以实现对巡更人员的轨迹记录、任务分配和异常报警等功能，提高巡更工作的效率和可靠性。

（七）一卡通门禁系统

一卡通门禁系统是用于控制出入口的设备。通过安装门禁卡、指纹识别或面部识别等身份验证方式，一卡通门禁系统可以限制只有授权人员才能进入特定区域，保障安全性。

（八）智能门锁系统

智能门锁系统通过采用智能手机结合电子钥匙的技术，取代传统的机械钥匙和刷卡技术。智能门锁系统可以实现手机远程开门、手机蓝牙开门、电子钥匙开门等多种方式，提高了门禁的便捷性和安全性。

（九）防火系统

防火系统用于监测和报警火灾发生。它通过安装烟雾探测器、温度探测器和火焰探测器等设备，及时检测到火灾迹象，并通过警报系统通知人员进行疏散和灭火。

（十）综合管理系统

综合管理系统是整个安防系统的大脑。它集成了各个子系统的信息，并对其进行管理和控制。综合管理系统可以实现对监控画面的实时查看、报警信息的接收与处理、门禁权限的管理和审批等功能，提高整个安防系统的效率和便捷性。

三、酒店安防系统的功能

酒店安防系统是一种专门为酒店场所设计的安全管理系统，主要用于保护酒店的客人、员工和财产安全。酒店安防系统通常包括视频监控、门禁控制、防火防盗报警、车辆管理和综合管理等部分。以下是酒店安防系统的常见功能。

（一）视频监控

1. 实时监控

安装在酒店各个区域的摄像机可以实时监视酒店的大堂、走廊、客房、停车场等区域。监控画面可以通过监控中心或者移动设备进行实时查看。

2. 录像回放

监控系统可以将监控画面进行录像存储，以便后续的回放和审查。

3. 远程监控

通过网络连接，可以实现远程监控，方便酒店管理人员随时随地查看监控画面。

（二）门禁控制

1. 门禁设备

门禁设备一般会安装在酒店的门口、楼层入口等地方，通过刷卡、指纹识别或面部识别等方式，对人员进行身份验证。

2. 门禁权限管理

酒店管理人员可以通过门禁系统对人员的权限进行管理，如设置特定人员只能进入特定区域，提高酒店的安全性和管理效率。

（三）防火防盗报警

1. 防火报警

通过安装烟雾探测器、火焰探测器等设备，监测火灾和烟雾情况，并在发生火灾时发出警报，及时通知酒店员工和客人进行疏散。

2. 防盗报警

通过安装门窗磁感应器、红外线探测器等设备，监测和报警未经许可的人员进入受保护区域，如客房、贵重物品存放区等。设备会在检测到异常情况时发出警报，并通知相关人员进行处理。

（四）车辆管理

1. 车辆识别设备

车辆识别设备安装在停车场入口和出口，通过识别车辆的车牌号码或其他识别方式，实现车辆的自动识别。

2. 车牌识别系统

通过安装车牌识别摄像机，实现对车辆车牌的自动识别和记录。

3. 停车场管理软件

通过软件管理系统，实现对停车场内车辆的管理和监控，如车辆进出记录、停车位管理等。

（五）综合管理

1. 监控中心

集成各个子系统的信息，并对其进行管理和控制。可以实现对监控画面的实时查看、报警信息的接收与处理等功能。

2. 报警处理

接收报警信息，并进行相应的处理，如通知相关人员、触发警报等。

3.门禁权限管理

对人员的门禁权限进行管理和审批。

4.数据分析和报表

通过对各个子系统的数据进行分析，生成相应的报表，帮助酒店管理人员进行决策和优化。

四、酒店安防系统的层次设防

酒店安防系统的层次设防是指通过不同的层次和措施来保护酒店的安全。一般来说，酒店的安防系统可以分为以下几个层次。

（一）外围防范层

这是保护酒店外围区域的第一道防线，主要包括安装围墙、栅栏、障碍物等措施，以阻止未经许可的人员进入酒店区域。此外，还可以设置外围监控摄像头、入侵报警设备等，对外围区域进行监控和报警。

（二）建筑物防护层

这是保护酒店建筑物的层次，主要包括安装门禁系统、视频监控系统、入侵报警系统等设备，对建筑物的入口、出口、楼层等进行监督和控制。同时，还可以采用防火门、防火墙、防盗窗等设施，提高建筑物的安全性。

（三）室内安全层

这是保护酒店内部区域的层次，主要包括安装视频监控摄像头、入侵报警设备等，对客房、大堂、走廊等区域进行监控和报警。此外，还可以采用如铁柜、保险库、保险箱加装振动、温度、位移等探测器和 IC 卡或生物识别技术等，保护客人及贵重物品的安全。

（四）数据安全层

这是保护酒店数据安全的层次，主要包括网络安全措施、数据备份和加密等措施，以防数据泄露和黑客攻击。

（五）人员安全层

这是保护酒店员工和客人安全的层次，主要包括培训员工的安全意识，制定安全操作规程，加强安全巡逻和监督等措施，以确保人员的安全。

五、酒店视频监控系统

酒店视频监控系统是安全技术防范体系中的重要组成部分，用于防范入侵、盗窃、破坏、火灾、暴力等安全问题，并进行安全检查。它是一种先进的、综合性能强大的系统，通过遥控摄像机和辅助设备（如镜头、云台等），可以实时观察被监视区域的情况，提供全面的监控。

（一）主要构成

酒店视频监控系统主要由以下部分组成。

（1）前端系统：包括摄像机和相关设备，用于拍摄被监视区域的画面和声音。

（2）传输系统：用于将摄像机拍摄到的视频和声音信号传输到后端设备。

（3）显示记录系统：包括显示设备和录像设备，用于实时显示监控画面和存储录像数据。

（4）控制系统：用于控制和管理监控系统的运行，包括监控软件、报警设备等。

（二）工作流程

酒店视频监控系统工作流程是摄像机拍摄被监视区域的画面和声音，并将摄像机拍摄到的视频和声音信号传输到后端设备。最后通过监控软件和控制设备，对视频进行显示或存储，即摄像→传输→控制。

酒店视频监控系统的优势在于可以实时监控和记录酒店内部和外部的活动，提高安全管理的效率和便捷性。同时，它还可以与其他安全技术防范系统（如防盗报警系统）联动运行，增强整体的防范能力。需要注意的是，在使用视频监控系统时，应遵守相关法律法规，保护客人和员工的隐私权。

（三）发展历程

酒店视频监控系统的发展历史可以追溯到20世纪60年代。起初，监控系统主要是由闭路电视技术构成，用于监视和记录酒店的安全情况。这些系统通常由有限的摄像机和监视器组成，视频信号通过有线传输到监控室进行观看和记录。

随着科技的不断进步，酒店视频监控系统逐渐发展为数字化和网络化的系统。在1990年后，数字视频录像机的出现使得视频信号可以以数字形式进行存储和管理，大大提高了系统的可靠性和灵活性。

21世纪初，随着网络技术的普及，网络视频监控系统逐渐兴起。这种系统利用计算机网络将摄像机的视频信号传输到远程监控中心或个人电脑上，实现远程实时监控和录像回放。同时，网络视频监控系统还具备更高的扩展性和集成性，可以与其他安防设备和系统进行联动，提高安全管理的效率。

近年来，随着高清摄像技术和云存储技术的不断发展，酒店视频监控系统的画质和存储能力得到了极大的提升。高清摄像技术使得监控画面更加清晰细腻，云存储技术则解决了传统硬盘存储容量有限的问题，提供了更大的存储空间和便捷的数据管理方式。

未来，随着人工智能和物联网技术的发展，酒店视频监控系统将进一步智能化和自动化。通过人脸识别、行为分析等技术，系统可以自动识别和报警异常行为，提高安全管理的准确性和效率。同时，与其他智能设备和系统的联动将进一步增强整体的安防能力。

（四）酒店监控系统的分类

酒店视频监控系统可以根据不同的标准进行分类，以下是几种常见的酒店视频监控系统分类。

1. 按摄像机类型分类

（1）固定摄像机：安装在固定位置，用于监视特定区域。

（2）云台摄像机：可通过遥控器或软件控制摄像头的方向和视角，实现全方位的监控。

（3）隐蔽摄像机：设计精巧，隐蔽性强，常用于需要保持隐私的区域监控。

2. 按监控范围分类

（1）室内监控系统：用于监控酒店内部的各个区域，如大堂、楼层、走廊、客房等。

（2）室外监控系统：用于监控酒店外部的区域，如停车场、入口、出口等。

3. 按系统结构分类

（1）中心式监控系统：所有摄像机的信号通过有线或无线方式传输到中央监控室进行集中管理和显示。

（2）分布式监控系统：各个摄像机的信号通过网络传输到多个监控终端进行分布式管理和显示。

4. 按功能分类

（1）实时监控系统：用于实时显示和观看监控画面。

（2）录像回放系统：用于存储和回放之前的监控录像数据。

（3）报警系统：通过设置特定的监控区域和行为分析功能，实现异常事件的自动报警。

5. 按网络连接方式分类

（1）有线监控系统：通过有线网络连接摄像机和监控设备。

（2）无线监控系统：通过无线网络连接摄像机和监控设备。

酒店需要根据实际需求选择适合的监控系统，以满足不同的安全管理需求。

知识链接

安防系统发展历程

安防技术是安全防范（Security Protection, SP）技术的简称，也可称为 SP 技术。该技术系统经历了由简单到复杂、由分散到组合与集成的发展过程。它从早期单一的电子防盗报警系统，发展到与视频监控联动报警系统，再到与视频监控、出入口控制等联网报警的综合防范系统，直到社区管理至现在的平安城市的集视频监控、入侵探测与防盗防火报警、出入口目标识别与控制、楼宇对讲与访客查询、保安巡更与治安管理、电子警察与智能交通、实体防护与安检、汽车场管理，以及系统综合集成的网络化、高清化直至智能化的监控与管理的安防技术体系。

视频监控系统产品在安防系统中占据了相当大的比例，发挥着核心作用。传统上视频监控系统组成部分有：数据采集、数据传输、存储、控制及显示等。视频监控系统的主要功能就是通过视频监控设备，代替人对各行各业的生产、生活以图像或视频的形式记录、存储，回放以及主动识别，并主动或被动采集下一步的进度管控。

海康威视企业官网自我介绍的发展历程中将安防系统划分了三代：数字化、网络／高清化、智能化；数字化之前还有一代是模拟时代。四代安防系统发展历程如下。

（一）第一代：模拟监控阶段

这一代在 1990 年以前，视频监控系统以模拟设备为主。前端摄像机采集数据，通过同轴电缆将信号传给控制器，控制器压缩存储，并可将信号解码成原始的视频信号。这一代存储设备为 VCR 设备。由于 VCR 设备信号以模拟形式传输，传输距离短，所以，远距离传输需要使用光端机连上光纤才能实现。第一代的监控方式也很简单，监控与回放不能同时进行。

（二）第二代：数字监控阶段

这一代的视频监控系统以 DVR（数字硬盘录像机）为核心，整个系统的视频、音频信号采集、存储采用数字格式，DVR 可以同时支持录像和回放。

（三）第三代：网络化监控阶段

互联网的发展使得视频监控也走向了网络化，视频传输基于 TCP/IP 协议，依托于网络，通过采用数字视频压缩技术来实现高效的传输、存储和播放功能；由于采用网络化，大大简化了布线，可以跨区域监控，使用方便，易于管理。

（四）第四代：智能化监控阶段

值此阶段，安防监控行业基本上由信息获取阶段进入信息的使用阶段。如今的安防系统已经不仅仅是一个简单的视频监控系统，它早已扩展成为可以集成各行业业务管理、数据传输、视频、报警、控制于一体、可以实现对海量数据的存储、智能分析，调用的安防智能化综合管理平台。

从安防市场发展历史来看，不难发现安防系统演化呈现出几个重要的品类特性：看得见、看得清、看得懂；分别对应数字，网络／高清以及智能监控时代；同时也可以理解这三个特性：①看得见，要求更广泛的感知手段，从可见光探测领域拓展到红外线、紫外线、X 光探测领域等；②看得清，安防系统走向高清化，大视角，所处理的数据量越来越大；③看得懂，过滤关键信息，主动识别预警管理，安防系统必然走向 AI 化、云化。[①]

---

① 案例来源:《安防 & 智能化》，2013 年电子工业出版社，2024 年 5 月 14 日，有改动。

任务实训

【实训项目】参观一家酒店，并说说它使用了哪些安防设施。

【实训目标】让学生了解什么是安防系统，知道酒店安防系统的组成有哪些，明确酒店安防系统的功能。

【实训时间】2 学时。

【实训步骤】

（1）实训开始前，由教师联系附近的酒店。

（2）将学生进行分组，每组 4~6 人，由教师带领前往酒店参观，并请酒店经理介绍酒店有哪些安防设施。

（3）参观结束后，每个小组就酒店的安防情况展开讨论，并派代表进行发言。

（4）教师点评每个小组的发言，所有的小组发言完毕后教师就每组学生的实训情况进行点评，并总结酒店的智能安防设施的种类及功能。

【实训标准】

实训形式	以学生的参观学习、自由讨论和教师总结为主
角色分工	教师要对整个实训过程进行引导，每个小组的学生自行进行分工，确定谁最后代表小组发言
实训重点	1.参观时要仔细观察酒店各个位置的安防设施，对酒店经理介绍的内容要仔细倾听学习； 2.遇到不懂的地方及时询问并做好笔记； 3.参观结束后积极与同学讨论，加深自己对酒店安防系统的理解

管理智能
停车场

任务三　管理智能停车场

　　私家车已经成为旅客出行的重要交通工具，酒店停车场也越来越成为酒店场所的标配，对车辆的管理自然也是酒店日常的重要工作内容，大家认识的智能停车场有哪些功能呢？

一、智能停车场的概念

　　智能停车场是一种应用先进技术的停车管理系统，旨在提供更高效、便利和智能化的停车体验。它可以利用各种传感器、摄像头和网络通信技术，实时监测停车场的车位情况，并提供实时导航、自动缴费、预约停车等功能。智能停车场可以通过车牌识别、车辆识别、车位引导等技术，快速准确地判断车位的可用性，并引导车辆前往空闲车位。这样可以减少寻找停车位的时间，提高停车效率，缓解停车难题。此外，智能停车场还可以通过手机 App 等方式，实现在线预约、远程支付、停车导航等便捷功能，进一步提升用户体验。

二、智能停车场的优势

智能停车场相较于传统停车场具有以下优势。

（一）智能导航和引导

智能停车场通过传感器和摄像头监测车位情况，并利用导航系统引导车辆前往空闲车位，减少寻找停车位的时间和烦恼。

（二）自动化缴费

智能停车场可以实现自动化的缴费功能，通过车辆识别技术和移动支付等方式，无须人工干预，提供快捷的缴费服务。

（三）实时信息更新

智能停车场可以实时监测车位的状态，将空闲车位的信息及时反馈给用户，减少用户在停车场内的转圈等待时间。

（四）便捷预约功能

一些智能停车场提供在线预约停车位的功能，用户可以提前安排好停车计划，避免高峰时段无法找到停车位的问题。

（五）数据统计与管理

智能停车场可以收集并分析停车数据，提供数据统计报表和管理分析，为停车管理者提供更科学的决策依据。

（六）环保节能

智能停车场通过提高停车位利用率、减少空转行驶，降低了车辆碳排放和燃料消耗，有利于环境保护和能源节约。

总的来说，智能停车场通过技术的应用提供了更高效、便捷、精确的停车体验，减少了停车搜索时间和资源浪费，提升了停车管理的智能化水平。

三、认识酒店智能停车场

酒店智能停车场是指利用智能技术对停车场进行管理和运营的系统。它通过使用各种传感器、摄像头、网络连接和数据分析等技术，实现停车场的智能化管理和提供更便捷的停车服务。

以下是酒店智能停车场的一些特点和功能。

（一）车位导航和指引

通过在停车场内安装车位指示器和导航屏，驾驶员可以实时查看可用的停车位，并根据指引快速找到空位。

（二）车位计数和管理

通过车位检测器和摄像头等设备，实时监测停车位的使用情况，并将数据传输到管理系统中进行统计和管理。可以实现实时的车位计数、车位预约和车位分配等功能。

（三）车辆识别和入场控制

通过车牌识别技术，可以自动识别车辆的进出，实现自动化的入场控制和车辆识别功能。可以提高停车场的出入口效率和安全性。

（四）支付和结算

通过与支付系统的集成，实现自动支付和结算功能。驾驶员可以通过手机 App 或自助支付机进行支付，无须人工操作，提高支付的便捷性和效率。

（五）实时监控和安全管理

通过在停车场内安装摄像头和监控设备，实时监控停车场的安全状况，可以对异常事件进行监测和报警，提高停车场的安全性。

（六）数据分析和优化

通过对停车场数据的分析和挖掘，可以了解停车场的使用情况和流量分布，从而优化停车场的布局和管理策略，提高停车场的利用率和效益。

四、酒店智能停车场的常见设备

与其他场所的智能停车场一样，酒店的智能停车场需要的设备主要包括以下几种。

（一）入口和出口设备

入口和出口设备包括车辆识别设备，如车牌识别摄像机或 RFID 读卡器，用于自动识别车辆的进出，还包括车辆道闸或车辆识别门等设备，用于控制车辆的进出。

（二）收费设备

收费设备包括自动收费机、自动支付终端等设备，用于车辆停车费用的收取和支付，这些设备通常与停车场管理系统相连，可以实现自动计费、电子支付等功能。

（三）停车位指示设备

停车位指示设备包括停车位指示屏、LED 显示屏等设备，用于指示车辆在停车场内的停车位情况。这些设备可以通过停车场管理系统实时更新停车位的状态，方便车辆找到可用的停车位。

（四）视频监控设备

视频监控设备包括摄像机、监控录像机等设备，用于监控停车场的安全状况。这些设备可以实时监控停车场内的车辆和人员活动，提供安全保障和监控记录。

（五）环境监测设备

环境监测设备包括空气质量监测仪、温湿度传感器等设备，用于监测停车场内的环境状况。这些设备可以实时监测停车场的温度、湿度、空气质量等参数，提供舒适和安全的停车环境。

（六）停车场管理系统

停车场管理系统是智能停车场的核心设备，用于管理和控制停车场的各项功能。这个系统通常包括车辆识别、停车位管理、收费管理、数据分析等功能，可以实现停车场的自动化和智能化管理。

以上是智能停车场常见的设备，具体的设备配置可以根据停车场的规模、需求和预算进行定制。同时，随着技术的不断发展，还有更多新型的设备和技术可以应用于智能停车场，如无人驾驶车辆的停车、智能停车导航等。

五、管理酒店智能停车场的策略

（一）停车场规划和设计

在停车场规划和设计阶段，要考虑停车位的数量、布局和分区，以及入口、出口和交通流线的设计。合理的规划和设计可以提高酒店停车场的容量和效率。

（二）车辆识别和进出管理

使用车牌识别摄像机或 RFID 读卡器等设备，实现车辆的自动识别和进出管理。通过停车场管理系统，可以记录车辆的进出时间、停车时长等信息，并进行收费管理。

（三）停车位管理

通过停车场管理系统，实时监测和管理停车位的使用情况。可以通过停车位指示屏或LED显示屏等设备，向车辆提供可用停车位的信息，引导车辆停放。

（四）收费管理

使用自动收费机、自动支付终端等设备，实现停车费用的自动计费和支付。通过停车场管理系统，可以管理收费标准、优惠政策等，并提供电子支付的功能。

（五）安全监控和保障

安装视频监控设备，实时监控停车场内的车辆和人员活动，提供安全保障和监控记录。同时，定期检查和维护停车场设备，确保其正常运行和安全性。

（六）数据分析和报告

通过停车场管理系统，收集和分析停车场的数据，如车辆进出记录、停车时长等。可以生成详细的报告和分析结果，使管理者了解停车场的使用情况和运营效益，为决策提供依据。

（七）用户服务和体验

提供便捷的停车服务，如预约停车、电子地图导航等。同时，建立良好的用户反馈渠道，及时解决用户的问题和意见。

（八）环境管理和维护

定期清理和维护停车场内的环境，保持停车场的整洁和舒适。同时，关注停车场的环境状况，如温湿度、空气质量等，及时采取改善措施。

（九）培训和管理团队

建立专业的停车场管理团队，进行培训和管理，确保团队成员具备相关的技能和知识，能够有效运营和管理停车场。

管理智能停车场需要综合考虑停车位管理、车辆识别和进出管理、收费管理、安全监控和保障、数据分析和报告、用户服务和体验、环境管理和维护等方面，同时要注意对停车管理人员的培训。通过合理规划和设计，配备适当的设备和系统，并进行有效的管理和维护，可以提高停车场的效率和用户体验。

任务实训

【实训项目】参观一家酒店的智能停车场。

【实训目标】让学生了解酒店智能停车场有哪些常见设备，有哪些常见功能。

【实训时间】2学时。

【实训步骤】

（1）实训开始前，由教师联系附近的配置有智能停车场的酒店。

（2）将学生进行分组，每组学生控制在4~6人，由教师及酒店大堂经理带队，讲解酒店智能停车场的布局和功能。

（3）参观完酒店智能停车场后，每组学生对该酒店的智能停车场的特点和功能进行讨论。

【实训标准】

实训形式	以学生参观学习和自由讨论为主
角色分工	教师要对整个实训过程进行引导，每个小组的学生自行进行分工，确定谁最后代表小组发言
实训重点	1.参观时要仔细观察酒店智能停车场的环境及构造，对酒店经理介绍的内容要仔细倾听学习； 　2.遇到不懂的地方及时询问并做好笔记； 　3.参观结束后积极与同学讨论，加深自己对酒店智能停车场的理解

组建智能化
安防联动

任务四　组建智能化安防联动

　　单一的监控或者门禁系统不能形成酒店安保防范的合力，如何打通数据，将各自隔离的安全子系统联动起来，从而最大限度地保障入住旅客的安全呢？

一、组建智能化安防联动的含义

　　智能安防联动是指将智能安防系统中的各个设备和功能进行联动，实现更高效、更智能的安全防护。通过联动，不同的安防设备可以实现信息的共享和互动，形成一个整体的安防系统，提高安全性和响应速度。

二、组建智能化安防联动的重要性

（一）提高安全性

智能化安防联动可以将不同的安防设备和系统进行集成，实现设备之间的协同工作。当某个设备检测到异常或触发预设条件时，可以自动触发其他设备的联动操作，提高对安全事件的及时响应和处置能力。通过联动执行，可以快速启动警报、录像、门禁等措施，有效防止和应对安全威胁。

（二）提升效率

智能化安防联动系统可以实现设备之间的实时信息传递和互动，提高响应速度。当一个设备发生告警时，联动系统可以立即将告警信息传递给相关人员，以便及时采取相应的措施，提高事态的处理效率。

智能化安防联动可以自动化和智能化处理安防事件，减少人工干预的需要。通过设立触发条件和规则，当符合条件时，系统可以自动执行一系列预设的动作，提高反应速度和处理效率。同时，通过数据共享和分析，可以提供更多的安全信息和决策支持，帮助安全人员更好地了解和掌握安全状况，做出准确的决策。

（三）实现全面监控

智能化安防联动可以将不同的安防设备集成在统一的管理平台或软件中，实现全面监控和管理。安全人员可以通过一个界面，同时监控和控制多个设备，提高监控的全面性和一致性。同时，借助远程监控系统，工作人员可以实时查看视频监控画面、及时接收警报信息，并执行远程操作和控制。

（四）提升智能化水平

智能化安防联动是智能城市建设和物联网发展的重要组成部分。通过将安防设备和系统进行集成，实现智能化的联动和协同工作，可以提升整个安防系统的智能化水平。同时，通过数据共享和分析，可以利用大数据和人工智能等技术，提供更多的安全信息和决策支持，为安全管理和决策提供更多的智能化手段。

（五）节约人力和资源

智能化安防联动系统可以实现设备的自动化操作和智能化管理，减少人工干预和管理成本。通过联动系统的智能化分析和处理，可以减少误报和虚警，提高资源的利用效率。

三、组建智能化安防联动的步骤

（一）需求分析

首先需要明确安防联动的具体需求和目标，包括需要联动的设备和功能，以及期望实现的效果和提升的安全性。可以通过与相关部门和人员进行讨论和调研，来明确需求。

（二）设备选型

根据需求分析结果，选择适合的安防设备和系统。考虑设备的功能、性能、可靠性和兼容性等因素，选择具备联动功能的设备，并确保设备之间可以进行信息传递和互动。

（三）设备集成

将不同的安防设备，如视频监控系统、入侵报警系统、门禁系统、消防系统等进行集成。通过统一的管理平台或软件，将这些设备连接起来，实现数据的共享和交互。

（四）事件触发

通过设置特定的触发条件和规则，安防系统能够在检测到异常或满足预设条件时，自动执行预定的联动操作。例如：当视频监控系统检测到入侵行为时，可以自动触发报警和录像系统；当消防系统检测到火灾时，可以自动触发警报和启动喷淋系统。

（五）软件配置和调试

根据联动策略，进行软件配置和调试。设置设备之间的联动关系和触发条件，测试联动的效果和响应速度。确保联动系统的稳定性和可靠性。

（六）联动执行

一旦触发了联动操作，系统会自动执行一系列预设的动作。这些动作可以包括发送警报通知、启动视频录像、打开门禁系统、调整照明设备等。通过联动执行，可以实现及时的响应和处置，提高安全性和效率。

（七）数据共享和分析

通过智能化安防联动，不同的安防设备可以共享数据和信息。这些数据可以用于实时监控和分析，帮助安全人员更好地了解和掌握安全状况，及时做出决策和响应。

（八）远程监控和控制

通过互联网和移动设备，可以实现对安防设备的实时监控和远程控制。安全人员可以随时随地通过手机或电脑，查看视频监控画面、接收警报信息，并执行远程操作和控制。

（九）培训和测试

对相关人员进行培训，使其了解联动系统的操作和使用方法。进行系统的测试和演练，确保联动系统的正常运行和效果。

（十）运营和维护

联动系统投入使用后，需要进行运营和维护。定期检查设备的运行状态和联动效果，及时处理故障和问题。根据实际情况进行系统的优化和升级，提高安全防护的效果和可靠性。

四、智能化安防联动策略

组建智能化安防联动的策略是多种多样的，可以根据需求进行调整、定制，再次提供几种组建智能化安防联动的思路。

（一）视频监控系统与门禁管理系统联动

在入侵报警系统设防时，如果有人进入安装了控测器的办公室或开启了门禁的房门，视频监控系统可以自动切换到相应区域的图像信号并录像。同样，当有人进入房门并读卡时，摄像机也可以将这一过程切换到监控室，并进行录像。在特殊场合，如果进入房门需要保安人员的认可，视频监控系统可以将图像切换到指定的监视器上，在保安人员认可后才允许进入。此外，当离线式巡查管理人员到达离线式巡查管理站点时，也可以通过联动摄像机来确保他们的安全。当保安系统出现报警时，智能卡系统也可以按照程序关闭指定的出入口，只能由保安人员打开。

（二）视频监控系统与火灾自动报警系统联动

当火灾自动报警系统发出火警信号时，视频监控系统可以将该区域的摄像机信号切换到控制室的监视器上，以观察是否为误报以及火情的大小。

（三）火灾自动报警系统与其他系统联动

火灾自动报警系统本身具备国家规定的联动功能，如启动紧急广播系统等，但不能实现像综合楼宇管理系统（IBMS）那样的全面联动。通过 IBMS 系统，可以实现火灾自动报警系统与其他多种系统的联动。具体的联动实例如下。

1. 火灾自动报警系统与安防系统的联动

当出现火情后，IBMS 可以联动门禁系统，打开出现火情的层面上所有房门的门锁，以确保人员迅速疏散。

2. 火灾自动报警系统与建筑设备管理系统的联动

在出现火情时，IBMS可以联动通风系统，关闭相应层面的新风机组、风机盘管和配电照明，防止火情扩散。

（四）建筑设备管理系统与其他系统联动

建筑设备管理系统可与视频监控系统联动。例如：建筑设备管理系统中的大型机电设备（如电梯）出现故障时，可以将监控摄像头切换到事故现场，以便及时发现和处理问题。

以上是几种常见的智能化安防联动策略，可以根据实际需求和场景特点进行选择和定制。通过合理的联动策略，可以提高安全防护的效果和响应速度，实现安防设备的协同工作和智能化管理。

知识链接

智慧消防火灾报警系统

在传统的消防火灾管理中，比较常见的一种设备就是火灾报警系统，它是由感应触发装置、火灾报警装置、联动输出装置以及其他辅助装置组成的。在火灾发生的初期，会产生烟雾、阴燃烟、火焰等状态，通过感应触发装置探测到相应的信号，触发装置将这一信号传输给火灾报警控制器，并通过声光的形式进行报警，通知建筑物内的人员。同时，这一信号传输到监控主机内进行时间、地点的标识，便于及时发现火灾并及时采取处置措施。

智慧消防火灾报警系统是在传统火灾报警系统上的升级，是基于物联网、大数据、云计算等信息化技术实现消防数据云端化监测分析的火灾管理系统。通过在原有感应装置上加装无线网关，将探测到的所有信号直接实现云联动，实现数据上传云端管理，替换原有的主机的管理形式，云端数据管理起来不受设备、地点的控制，更加的方便、灵活，数据安全性更高。

常见的智慧消防报警产品有：独立式无线感烟探测器、智慧用电探测器、无线气体探测器、智慧电弧探测器、消防用水监控探测器等。借助传感终端获取现场的实时数据信息，通过监测分析来判断火灾发生的可能性及现状，智能监控、智能报警，将管理关口前移，注重"防"。

1.无线感烟、气体探测器，能感应现场的烟雾或有毒有害气体，无线安装的方式，即装即用，可不断变换位置，方便度高，灵感度高，是日常生活中非常常用的消防管理设备。

2.智慧用电探测器，针对电气火灾的主要形成因素进行不间断的数据跟踪和监管，实时发现安全隐患，及时开展隐患治理，保障用电安全。

3. 消防用水监控探测器，监测消防用水设备的水位、水压，对消防用水设备上存在的异常及时解决，保障消防用水的稳定和正常供应。

4. AI视频联动系统，能够在消防通道出现堵塞时自动报警；此外，当烟雾感应器报警时迅速联动视频系统，进行火情的实时确认。

智慧消防是将物联网、云平台、大数据、互联网等高新技术集于一体的智能消防无线报警网络服务系统，它改变了过去传统、落后和被动的报警、接警、出警方式，实现了报警自动化、接警智能化、出警预案化、管理网络化、服务专业化的现代化消防管理方式，大大提高了报警的及时性以及接警出警的速度，有效保障了人民生命、财产的安全。

任务实训

【实训项目】说一说组建智能化安防联动有哪些步骤。

【实训目标】使学生了解组建智能化安防联动的含义，掌握组建智能安防和联动步骤和重要性。

【实训时间】1学时。

【实训步骤】

（1）将学生进行分组，每组不超过6人。

（2）教师引导每个小组的学生根据所学知识、日常所见所闻、网上搜索的资料等信息就如何组建智能化安防联动进行讨论。

（3）讨论结束后，各小组选一个学生代表小组进行发言，其他小组点评，最后由教师点评总结。

【实训标准】

实训形式	以学生的讨论分享和教师的点评为主
角色分工	教师对此次实训进行引导和总结，每个小组各推举一名学生代表整个小组发言
实训重点	1.讨论的过程也是温故知新的过程，学生要积极参与讨论，加深对所学知识的理解； 2.学生在讨论过程中要充分利用所学知识和日常所见，要善于观察和学以致用； 3.教师需要对学生的实训情况进行点评，对学生不理解的问题进行分析和解答

参考文献

［1］李莉．酒店前厅与客房管理（第二版）［M］．华中科技大学出版社，2023．

［2］张娟，林璐．人工智能，数字化运营背景下高职酒店管理专业教学改革研究——以"客房服务与管理"课程为例［J］．大众科技，2022，24（11）：149–152．

［3］李雯．酒店客房部精细化管理与标准化服务［M］．人民邮电出版社，2016．

［4］徐文苑．酒店客房服务与管理（第二版）［M］．华中科技大学出版社，2022．

［5］石秀珍，陈景．客房服务与数字化运营［M］．高等教育出版社，2023．

［6］陈增红，闫雪梅，王玉娟，闫向军．客房服务与数字化运营［M］．旅游教育出版社，2022．

［7］郑秀娟．现代酒店客房服务中存在的问题及对策［J］．西安航空技术高等专科学校学报，2022（2）．DOI:10.3969/j.issn.1008–9233.2012.02.012．

［8］金丽．提高酒店客房服务质量的途径［J］．合作经济与科技，2011（15）：2.DOI:10.3969/j.issn.1672–190X.2011.15.016．